Claude Monet

D1510232

Birgit Zeidler

Claude Monet

Sa vie et son œuvre

KÖNEMANN

Les années de jeunesse
Page 6

La formation
Page 12

1840	1850	1860
1890	1900	

Voyages et retraite
Page 54

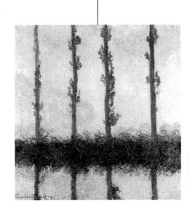

La loi des séries
Page 66

Une quête sans répit
Page 24

L'impressionniste
Page 38

1870	1875	1880
1920	1926	

Les Nymphéas
Page 78

Les années de jeunesse

Oscar-Claude Monet fit preuve dès son plus jeune âge d'un grand talent de dessinateur. Pendant les cours du lycée du Havre, comme il s'ennuyait, il s'exerçait à caricaturer ses professeurs. Il y montra tant d'habileté que ses camarades furent ravis de lui acheter ses dessins. Après l'école, Claude poursuivit sur sa lancée et gagna son premier argent avec ses dessins persifleurs. Les caricatures étaient à la mode et Monet utilisait un style qui avait fait ses preuves, ce qui lui valut assez vite une clientèle fidèle et assidue. Il eut même la chance d'exposer ses dessins dans la vitrine d'un magasin d'encadrement. Au milieu de conditions si favorables, le jeune homme entreprenant devint vite, dans sa ville natale, un caricaturiste fameux.

Malgré ce succès précoce, le père de Claude se montra assez peu compréhensif pour les activités de son fils. Le jeune homme trouva un refuge auprès de sa tante qui, n'ayant pas d'enfants, s'occupa davantage de ses neveux après le décès de leur mère.

Karl Marx, vers 1848

Monet, à l'âge de 18 ans (1858)

1840 Napoléon III se réfugie en Angleterre.

1843 La reine Victoria vient en France. C'est la première visite officielle d'un souverain anglais depuis la guerre de Cent Ans.

1848 Karl Marx et Friedrich Engels publient le *Manifeste du parti communiste*. À Paris, révolution de février 1848. Louis Napoléon proclame la II^{nde} République.

1850 Débuts de l'industrialisation.

1840 Oscar-Claude Monet, second fils de Claude-Adolphe Monet et de Louise-Justine Aubrée, naît à Paris le 14 novembre.

1845 Installation au Havre. Le père de Monet travaille dans l'épicerie de son beau-frère.

1851 Monet est scolarisé au Havre. Son professeur de dessin, Jacques-François Ochard, est un élève de Jacques-Louis David.

1856-1857 Monet expose ses caricatures chez Gravier, au Havre. Il se lie avec Eugène Boudin.

À gauche :
Rufus Croutinelli,
vers 1859
Mine de plomb sur papier
13 x 8,4 cm
Chicago, The Art Institute of Chicago

Enfance et famille

Oscar-Claude, second fils de Louise-Justine et de Claude-Adolphe Monet, vint au monde le 14 novembre 1840, à Paris. La jeune famille menait au n° 45 de la rue Lafitte une vie assez modeste, comme la plupart des habitants de ce quartier, situé au pied de Montmartre. Ce quartier, et en particulier cette rue, devaient devenir par la suite l'adresse prestigieuse des marchands d'art les plus connus de France, mais avant cette époque, les commerçants, les ouvriers, les petits employés et les artistes se trouvaient là dans leur élément.

Les parents de Monet géraient apparemment une petite boutique, mais leurs affaires allaient si mal que la famille quitta Paris en 1845 pour s'installer au Havre. Là, le père de Monet trouva un nouvel emploi dans l'épicerie florissante de son beau-

Claude Monet à l'âge de 18 ans, photographie d'Étienne Carjat, 1858

Boudin devait orienter le jeune caricaturiste : « C'est très bien pour un début, mais vous ne tarderez pas à en avoir assez, de la charge. Étudiez, apprenez à voir et à peindre, dessinez, faites du paysage. »

frère, Jacques Lecadre. Désormais, la vie fut plus facile si bien que Claude et son frère Léon purent grandir dans l'aisance et la sécurité. Leur mère, qui était douée pour la musique, organisait même des bals et des concerts assez régulièrement. Quand Jacques Lecadre mourut, en 1858, Adolphe Monet reprit les affaires de son beau-frère et assura le bien-être de toute la famille.

À la mort de sa mère, survenue trop tôt en 1857, le jeune Oscar-Claude se rapprocha de sa tante, Marie-Jeanne Lecadre, qui pratiquait la peinture en amateur. En revanche, ses relations étaient plus tendues avec son père, dont l'intérêt se limitait clairement au négoce et qui envisageait pour ses fils des études et une carrière bourgeoise. Claude fit sa scolarité au lycée municipal du Havre,

C'est au n° 45 de la rue Lafitte qu'Oscar-Claude Monet naquit en 1840, photographie de 1850

à son grand dam, car il n'était pas très doué et s'y ennuyait. Pendant les cours, il préférait dessiner des guirlandes sur ses cahiers de classe, ou des caricatures de ses professeurs. Ces caricatures, ainsi que d'autres esquisses tirées de ses premiers manuels de dessin, témoignent de la précocité de son talent, même si le jeune Monet se contentait souvent de recopier ses sujets dans ses manuels de classe. Quoi qu'il en soit, Monet put certainement faire fructifier son talent dès cette époque, puisque son

école disposait en la personne de François Ochard, qui avait été l'élève de Jacques-Louis David, le célèbre peintre de scènes historiques, d'un professeur de dessin de premier ordre. Naturellement, les « portraits » des professeurs furent vite répandus parmi les écoliers et valurent à Monet ses premiers succès. Quand il quitta le lycée entre 1855 et 1857 – apparemment sans avoir réussi son baccalauréat –, le jeune homme de 17 ans avait déjà amassé un petit pécule avec des caricatures de ce genre.

Vue du Bassin du Commerce, au Havre, photographie, vers 1900

Le Havre, sur la côte normande, était l'un des principaux ports français. Le commerce international ainsi que la présence d'unités de la Marine apportaient à la ville une certaine aisance, qui favorisa le développement de la vie culturelle.

Le jeune caricaturiste

Le regard plein d'humour que Monet portait sur les gens de son entourage fut vite célèbre au Havre. Il devait cette renommée en grande partie au fait qu'en 1856-1857 il avait pu exposer ses dessins chez Gravier, dans la vitrine du magasin d'encadrement et de couleurs de la rue de Paris. Les badauds s'assemblaient sans cesse par petits groupes devant la vitrine, afin de regarder les dernières caricatures et les commenter. Bientôt, Monet ne se contenta plus de caricaturer les célébrités du milieu de la culture et de la politique, dont tout un chacun parlait grâce aux articles de la presse quotidienne, car ses amis se mirent aussi à lui passer des commandes.

Si la caricature n'avait pas gagné ses lettres de noblesse dans le monde de l'art, elle jouissait d'une grande popularité grâce à la technique de la gravure sur acier qui, depuis 1830, en avait fait un élément indissociable et très populaire de la presse quotidienne. Monet connaissait ainsi les dessins de caricaturistes comme Carjat, Hadol et Nadar – qui était par ailleurs un photographe célèbre – qui eurent une influence réelle et même décisive sur son propre style. Ses dessins avaient certainement la faveur du public puisque le jeune artiste gagna en peu de temps la somme coquette de 2 000 Francs ; Monet n'était pas peu fier de cette réussite commerciale et de cette renommée précoce.

M. Ochard,
1869
Crayon sur papier
32 x 24 cm
Chicago, The Art Institute of Chicago

Monet effectua ce dessin de M. Ochard d'après une caricature de Carjat. Tout en s'exerçant à la technique de la caricature, Monet adopta une méthode qui devait marquer toute sa carrière d'artiste : dans ses caricatures, comme dans la plupart des dessins à venir, il s'attachait à décrire la personnalité de son sujet en se concentrant sur quelques éléments qu'il agrandissait de façon disproportionnée. Contrairement à la majorité de ses collègues, il ne tenait pas tant à faire un dessin sarcastique ou cruel qu'à décrire les traits de caractère d'un individu de manière rapide et facilement compréhensible. En tant qu'artiste, il se posait plus en observateur qu'en commentateur, attitude que devaient adopter plus tard les peintres impressionnistes.

Théodore Pelloquet,
1858-1859
Mine de plomb
sur papier brun
Paris, musée
Marmottan

Monet se mit à
fréquenter Théodore
Pelloquet, un
journaliste, à partir de
1859 dans son café
favori, la Brasserie des
Martyrs. Pendant son
premier séjour dans
la capitale, Monet
continua à vivre
de la vente de ses
caricatures. Or, peu
de ces petits formats
sont conservés,
probablement parce
que sa première
signature fut
« O. Monet ».

**Couverture du
Journal amusant,
avec une caricature
de Nadar,**
1859
Lithographie
d'Édouard Riou

Nadar, qui se fit
un nom comme
photographe
mais aussi comme
caricaturiste,
transforma le célèbre
dramaturge parisien
Eugène Scribe en un
boucher qui est sur le
point de découper sa
matière dramatique
comme une saucisse,
pour en tirer ses cinq
actes.

**Petit Panthéon
théâtral,**
vers 1859
Crayon et gouache
sur papier
34 x 17 cm
Paris, musée
Marmottan

C'est sans doute
d'après des gravures
parues dans les
journaux que Monet
caricatura ici des
acteurs parisiens en
vogue, parmi lesquels
Grassot (1800-1860)
et Leclère (vers 1800-
1861). S'inspirant des
portraits de Nadar,
Hadol et Carjat,
Monet reprit
le schéma habituel
de la tête
surdimensionnée et
déformée, plantée sur
un corps malingre.

La formation 1857–1864

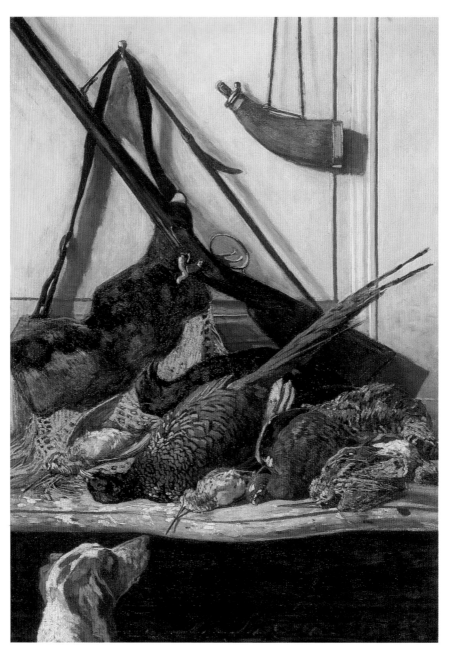

À ses débuts, Monet ne savait pas trop dans quelle voie s'engager. La vente de ses caricatures continuant à lui donner entière satisfaction, il ne voyait pas de raison d'y mettre un terme. Au cours de l'été 1858, il fit la connaissance d'Eugène Boudin qui l'initia au paysage et lui fit faire des esquisses à l'huile en plein air, ce qui passionna Monet à tel point qu'il décida de devenir peintre et de partir pour Paris. Les cours oppressants des ateliers de Paris ne lui convenaient pourtant pas vraiment. Il passait le plus clair de son temps à la brasserie des Martyrs et continuait à vendre des caricatures. Il fut donc plutôt soulagé quand il fut appelé sous les drapeaux en 1861. Il fut envoyé en Algérie mais dut interrompre son service militaire prématurément à cause d'une grave maladie. En 1862, Monet s'installa de nouveau à Paris et fit la connaissance d'Alfred Sisley, de Pierre-Auguste Renoir et de Frédéric Bazille, qui tous étudiaient dans le célèbre atelier de Gleyre. Le groupe, en peignant régulièrement en plein air, parvint peu à peu à affiner sa technique picturale.

À gauche :
Trophée de chasse,
1862
Huile sur toile
104 x 75 cm
Paris, musée d'Orsay

À droite :
Étude d'arbre,
1857
Encre sur papier
30 x 23 cm
Honfleur, musée Eugène Boudin

Guerre de Sécession aux États-Unis, 1861–1865

Monet à 20 ans, en uniforme

1857 Première crise économique mondiale. Parution de *Madame Bovary*, de Flaubert.

1859 Darwin déclenche des polémiques avec sa théorie de l'évolution.

1861 Abolition du servage en Russie. La France est, après l'Angleterre, le second pays industrialisé au monde.

1857 Mort de sa mère.

1858 Exposition de son premier tableau à l'huile au Havre.

1859 Monet se rend à Paris et entre à l'Académie suisse.

1861 Service militaire en Algérie (jusqu'en 1862).

1862 Monet retourne poursuivre ses études à Paris.

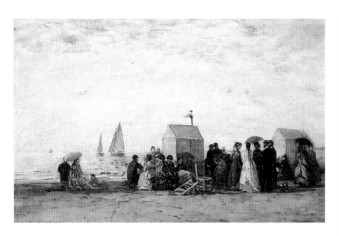

L'apprentissage en plein air

Si Monet fut jamais effleuré par l'idée d'entreprendre une carrière artistique dans sa jeunesse, il n'envisagea certainement pas celle de peintre paysagiste. La raison n'en était pas tant ses succès précoces de caricaturiste que le peu de prestige dont jouissait le paysage à cette époque, ce qui nuisait à la vente des tableaux de ce genre. Ainsi, c'est à Gravier que Monet dut de faire la connaissance d'Eugène Boudin, puisque ce marchand de cadres, qui exposait des œuvres des deux artistes, fit les présentations. Boudin, qui était un paysagiste connu dans la région malgré son peu de succès, conseilla à Monet, qui avait alors 16 ans, de ne pas se contenter de faire des caricatures, mais de s'essayer à la peinture à l'huile. Après quelques hésitations, Claude se décida enfin à suivre l'artiste dans ses promenades sur la côte normande. D'après ses confidences, Monet se contentait au

Eugène Boudin,
La Plage de Trouville,
1867
Huile sur toile
26 x 48 cm
Paris, musée d'Orsay
Pendant l'été, les Parisiens aisés paradaient volontiers sur la côte normande, vêtus à la dernière mode.

début de barbouiller ses toiles avec insouciance, mais bientôt il apprit à estimer les paysages tranquilles de Boudin et se laissa guider par lui. En peignant ses premières études à l'huile, Monet s'exerçait à affiner son regard et à transposer les couleurs et les formes de la nature dans ses tableaux. Boudin lui apprit en premier lieu à représenter les atmosphères lumineuses et les ciels nuageux, car le maître cherchait avant tout à peindre la nature telle qu'elle était, sans y ajouter les nymphes et autres personnages historiques dont ses contemporains peuplaient leurs paysages. Le public d'ailleurs ne voyait dans les paysages de Boudin que des reproductions peintes de la nature, dénuées de toute ambition culturelle, sans prestige. Avec sa palette claire, il rendait les atmosphères lumineuses ; il obtenait un effet atmosphérique particulier en

Peintre travaillant en plein air (Eugène Boudin),
1856
Crayon sur papier
30 x 22 cm
Honfleur, musée Eugène Boudin

plaçant la ligne d'horizon très bas et en remplissant ses tableaux de ciels immenses. Ses paysages se distinguent ainsi par leur clarté, qui est due à une lumière froide et argentée. Au milieu de cette atmosphère calme, quelques accents posés fugitivement animent le tableau – les taches de couleur des vêtements par exemple, ou des nuages déformés par le vent. Monet, enfin devenu un bon élève, mit en pratique les conseils de Boudin avec tant de conviction qu'il participa dès 1858 à l'exposition du Havre, avec sa *Vue de Rouelles*. Il

avait désormais décidé de devenir peintre, même s'il devait affronter l'opposition de son père. Celui-ci, constatant qu'il ne pourrait pas faire changer d'idée son fils, demanda une bourse d'étude. Malheureusement, cette bourse fut refusée en raison du passé de caricaturiste, estimé peu sérieux, de Claude, qui du reste, sans attendre la décision, était parti à Paris avec l'argent qu'il avait justement gagné avec ces dessins.

Vue de Rouelles,
1858
Huile sur toile
46 x 65 cm
Japon, Marunuma
Art Park

Ce premier paysage que Monet peignit en plein air fut exposé la même année au Havre avec les œuvres de Boudin. Son écriture assez conventionnelle et prudente trahit l'influence du maître.

La peinture de plein air

Quand Eugène Boudin initia le jeune Monet au paysage, la peinture de plein air relevait déjà d'une longue tradition, mais elle ne devait prendre une importance particulière que vers les années 1870, à l'instigation des impressionnistes.

La peinture en plein air était devenue un genre reconnu depuis que les peintres hollandais des XVIe et XVIIe siècles s'étaient intéressés aux paysages qui les entouraient. À cette époque, les peintres ne partaient pas en excursion avec tout leur attirail de peinture mais se contentaient d'exécuter des esquisses ou des études à l'encre sur le motif, qui leur servaient ensuite de modèles pour peindre leurs tableaux d'atelier, souvent d'un format important et d'une composition tout à fait élaborée. À partir de 1800, les peintres anglais John Constable et J. M. W. Turner apportèrent quelques éléments aussi nouveaux que révolutionnaires dans leurs tableaux d'atelier, en se fondant sur leurs études en plein air : ils montrèrent les différents visages de la nature selon l'atmosphère ou l'heure du jour. Quelques dizaines d'années plus tard, ce nouveau mode de perception et de figuration de la nature devait devenir un exemple pour Monet. En France, vers 1830, un groupe de jeunes peintres, dont Jean-Baptiste-Camille Corot, Charles-François Daubigny, Théodore Rousseau et Jean-François Millet, avait remis au goût du jour la peinture en plein air. À l'instar des peintres néerlandais, ils se consacrèrent uniquement aux paysages de leur pays natal ; ils se rendaient à Barbizon, dans la forêt de Fontainebleau, et peignaient la nature telle qu'ils la voyaient, sans les habituelles scènes historiques ou mythologiques. C'est ainsi que les « paysages intimes », ces petits formats, images de la nature peintes à l'huile, virent le jour. En réalité, Corot et ses amis, les tenants de cette école de Barbizon, ne terminaient jamais leurs tableaux en pleine nature, même si la peinture en plein

Ci-dessus :
Jean-Baptiste-Camille Corot,
**Le Passeur quittant la rive
avec deux femmes dans
sa barque,** 1865
Huile sur toile
Collection particulière

Ci-dessous :
Charles-François Daubigny,
Les Péniches,
1865
Huile sur toile
38 x 67 cm
Paris, musée du Louvre

air avait été grandement facilitée depuis 1840 par la découverte des tubes de peinture transportables. Les premiers maîtres de Monet, Boudin et Jongkind – dont Monet fit la connaissance en 1862 –, ne peignaient eux aussi qu'une partie de leurs œuvres en plein air. Boudin estimait ne pas tricher quand il retravaillait dans son atelier son impression encore toute récente du motif. Ces deux artistes étaient passés maîtres dans la peinture des instants fugaces, comme en témoignent leurs marines. Pour le jeune Monet, ces petites aquarelles et ces huiles dans des tons clairs furent des modèles, en particulier pour rendre les fugitives atmosphères lumineuses. L'apogée de la peinture en plein air se situe à l'époque de l'impressionnisme. Dans les années 1870, Monet et ses amis connurent leurs

premiers grands succès avec leurs œuvres exécutées en plein air. Il leur fallait travailler vite à cause de la rapidité des changements de l'atmosphère et de la lumière auxquels ils s'exposaient en peignant en plein air. Pour rendre l'atmosphère d'un instant, ils apposaient leurs couleurs lumineuses par touches vives. Cette

technique picturale spontanée avait pour conséquence que les peintres résumaient les formes de la nature et s'éloignaient de la reproduction fidèle. Ils créèrent ainsi des paysages d'un type nouveau, qui constituaient moins un document réaliste sur un lieu réel qu'une image de

Eugène Boudin,
La Plage de Trouville, 1867
Crayon et aquarelle sur papier, 32 x 48 cm
Collection particulière

l'atmosphère et de l'instantanéité. Dans les années 1880, de plus en plus d'artistes se désintéressèrent de la peinture en plein air et retournèrent dans leurs ateliers pour y chercher de nouveaux motifs et d'autres techniques de composition. Il était déjà arrivé plus d'une fois qu'un impressionniste dût achever un tableau dans son atelier, à cause du mauvais temps. Présenter l'impressionnisme comme l'équivalent de la peinture en plein air, comme cela s'est fait jusqu'à aujourd'hui, est en réalité, dans une certaine mesure, une mystification.

Johan Barthold Jongkind,
Chevaux sur la plage,
vers 1865
Huile sur toile
46 x 78 cm
Collection particulière

Faire carrière dans la peinture

Le bourgeois, rassuré, trônait, jovial, de par la force de son argent et la contagion de sa sottise. Le résultat de son avènement avait été l'écrasement de toute intelligence, la négation de toute probité, la mort de tout art. Et, en effet, les artistes avilis s'étaient agenouillés, et ils mangeaient ardemment de baisers les pieds fétides des hauts maquignons et des bas satrapes dont les aumônes les faisaient vivre !

Huismans, *A Rebours*

Charles Gleyre,
Soir (Les Illusions perdues),
vers 1843
Huile sur toile
112 x 195 cm
Paris, musée du Louvre

Quand Claude Monet arriva à Paris en avril 1859, il n'était pas possible qu'il se lance dans une carrière artistique sans autre forme de procès. En effet, un artiste, pour étudier, puis pour être reconnu, devait respecter des normes établies et suivre les étapes dans l'ordre prescrit. Vers 1860, un artiste, pour réussir sur le marché de l'art, devait pouvoir présenter ses œuvres à l'exposition officielle, c'est-à-dire le Salon, qui se tenait chaque année, voire tous les deux ans. Les membres de l'Académie des beaux-arts, nommés à vie par l'État, décidaient de l'admission au Salon et l'une des conditions indispensables était la fréquentation de l'École des beaux-arts, également placée sous la tutelle de l'État, ou du moins de l'un des ateliers privés qu'elle contrôlait. Pour se préparer aux beaux-arts, la plupart des jeunes candidats devaient suivre des cours chez des peintres de renom, comme Charles Gleyre, qui avait été récompensé par le Salon, ou Benjamin Constant, car un bon niveau d'études était nécessaire pour réussir le concours d'admission. L'artiste qui choisissait cette carrière, fidèle aux normes établies, se voyait récompensé par des bourses et toutes sortes de médailles procurées par l'État. Le peintre qui avait été distingué de la sorte était traité comme une diva et son succès était écrit dans les étoiles.

Sous Louis XIV déjà, la vie d'artiste en France avait été placée sous la tutelle de l'État. L'art avait de tous temps été mis à contribution pour illustrer la puissance et les idées du souverain ou pour rehausser le prestige d'une maison régnante. C'est pourquoi des expositions placées sous l'égide de l'Académie royale de peinture et de sculpture avaient lieu régulièrement depuis 1673 dans le Salon Carré, l'une des salles du Louvre. C'est ainsi que « Salon » devint synonyme de manifestation artistique. Or, dès cette époque, il existait un salon qui faisait pendant au salon officiel : Louis XIV créa « L'exposition de la Jeunesse », qui se tenait en plein air, souvent sur le Pont-Neuf, et auquel même des femmes pouvaient participer – c'est vers 1880 que les femmes purent accéder aux études académiques. À partir de 1750, cette structure rigide fut animée par l'introduction de la critique

L'atelier de Benjamin Constant,
photographie, vers 1860

Henri Gervex,
Une séance du jury de peinture, le Salon des artistes français,
1885
Huile sur toile
299 x 419 cm
Paris, musée d'Orsay

Myrbach,
Le Cimetière des Refusés
Illustration du magazine
Paris illustré, mai 1885

Ernest Bichon,
Exposition à la Galerie Durand-Ruel,
1879
Eau-forte

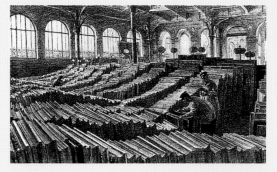

d'art. Le critique le plus fameux était alors Denis Diderot, qui exerça sur le goût du public une influence comparable à celle de Baudelaire ou de Zola au siècle suivant. Vers le milieu du XIXᵉ siècle, la réglementation sévère de la scène artistique se relâcha quelque peu : un hôtel des ventes, l'Hôtel Drouot, ouvrit ses portes en 1853 et, à partir de 1860, des marchands d'art indépendants ouvrirent leurs galeries où ils organisaient des expositions personnelles ou de groupe de jeunes peintres. Un artiste qui confiait ses œuvres à un galeriste pour une première exposition ne devait pas perdre de vue que si par ce geste il accédait au marché de l'art naissant, il devait renoncer dans une grande mesure à la considération de l'État, sans laquelle il n'y avait ni célébrité ni véritable succès commercial. Il restait donc souhaitable pour la plupart des artistes d'être admis aux beaux-arts et au Salon, en vue d'entamer une carrière de peintre historique ou de portraitiste. En 1863, quand plus de 3000 artistes furent rejetés par le jury du Salon et que ces candidats malheureux émirent de vives protestations, Napoléon III organisa une exposition spéciale, le « Salon des Refusés ». À partir de 1867, cette exposition parallèle fut perpétuée, à une moindre échelle, par Courbet, Manet et les premières œuvres impressionnistes. Elle dut attendre 1886 pour s'imposer sous le nom de Salon des Indépendants, lequel n'était plus soumis à un jury.

Peintres et amis

Monet arriva à Paris au début du mois de mai 1859. Sa famille n'avait pas d'objections à une carrière d'artiste officiel, puisqu'un peintre historique ou un portraitiste pouvait gagner sa vie plus qu'honorablement. Muni de ses lettres de recommandation et de deux natures mortes, Monet rendit immédiatement visite à des peintres de salon renommés, qui devaient l'aider à choisir la formation qui lui conviendrait. Finalement, il s'inscrivit à l'Académie suisse, un atelier aux tarifs modestes mais qui n'était pas reconnu par l'École des beaux-arts, ce qui pouvait nuire à la future carrière de Monet. Pour cette raison, son père lui retira son aide financière. Monet passait désormais beaucoup de temps à la brasserie des Martyrs, où se retrouvait toute la bohème. C'est là qu'il dessinait ses caricatures, dont le commerce lui permettait de renflouer ses économies qui fondaient trop vite. C'est là aussi qu'avaient lieu des discussions passionnées sur des thèmes de l'actualité artistique, qui aiguisèrent la vision que Monet avait de l'œuvre d'art et des tendances tout en l'aidant à trouver sa propre place. Ses études à l'Académie suisse, où il se lia avec Camille Pissarro, un autre jeune peintre, furent brusquement interrompues par son appel sous les drapeaux, en 1861. Monet revint tou-

Camille Pissarro, **Autoportrait,** 1873
Huile sur toile
56 x 46,7 cm
Paris, musée d'Orsay

Sur cet autoportrait, Pissarro est âgé de 43 ans.

Cour de ferme en Normandie, 1863
Huile sur toile
65 x 80 cm
Paris, musée d'Orsay

Cette toile nous montre un paysage encore assez classique, peint dans une gamme de bruns. C'est l'un des rares tableaux où Monet montre des gens en train de travailler. En 1862, au Havre, Monet fit la connaissance de J.-B. Jongkind, un paysagiste hollandais qui l'encouragea à adopter une écriture plus spontanée. Monet fit de rapides progrès dans ce sens, ce que prouve la vue de Honfleur ci-contre, peinte un an plus tard.

Pierre-Auguste Renoir, photographie, vers 1875

Rue de la Bavolle, à Honfleur, 1864
Huile sur toile
58 x 63 cm
Mannheim,
Städtische Kunsthalle

Il existe une autre version de ce tableau, qui ne s'en distingue que par quelques détails, ce qui prouve à quel point Monet étudiait sérieusement la composition de ses tableaux.

Alfred Sisley, photographie, vers 1872

tefois à Paris en 1862, après que sa tante eut monnayé sa libération, et s'inscrivit cette fois dans le célèbre atelier du peintre Charles Gleyre, pour satisfaire sa famille. Trois autres étudiants y commencèrent leurs études en même temps que Monet : Alfred Sisley, Pierre-Auguste Renoir et Frédéric Bazille, qui devaient former plus tard le noyau des impressionnistes, avec Pissarro et Monet. Contrairement à Monet, toujours insatisfait, ses amis étaient très studieux, du moins au début. Ils voulaient se faire admettre aux beaux-arts. Sisley avait même l'intention de porter sa candidature au prestigieux prix de Rome, qui était récompensé par une bourse d'études de cinq ans. Avec ses amis, Monet faisait des excursions dans les environs de Paris, qui étaient devenus facilement accessibles grâce au chemin de fer. Les jeunes peintres avaient de plus en plus de mal à accepter l'idée de la nature selon Gleyre – qui ne voyait en elle qu'un motif d'étude qu'il convenait d'idéaliser et d'ennoblir ; en 1863, ils quittèrent son atelier pour aller peindre dans la forêt de Fontainebleau, en plein air.

En forêt de Fontainebleau

À partir de 1863, Monet se rendit à plusieurs reprises à Chailly, un village à la lisière de la forêt de Fontainebleau, près de Barbizon, seul ou en compagnie de ses amis. Les jeunes peintres souhaitaient imiter leurs aînés de l'école de Barbizon et peindre directement au contact de la nature, en plein air. Délaissant la ville et ses bruits, les jeunes artistes s'exerçaient à rendre les effets de la lumière sur leurs tableaux. Monet, dans les œuvres de cette époque, fait preuve d'un talent remarquable pour le cadrage du sujet, pour la justesse des proportions de tous les éléments du tableau ainsi que pour créer une profondeur de champ. Il manipulait les couleurs avec encore beaucoup de précautions, ce qui lui fit peindre des tableaux calmes, aux tons de terre, à côté d'autres toiles sur lesquelles la volonté de chromatisme s'exprime par le jeu prudent des verts, des jaunes et des bleus. Cette année-là, Monet, passionné par ses études, prolongea son séjour à Fontainebleau et renonça à se rendre au Salon.

La Route de Chailly, 1865
Huile sur toile
42 x 59 cm
Paris, musée d'Orsay

Il existe une autre version de ce paysage, peinte à une autre saison. Monet a cherché ici à rendre les différentes atmosphères qui peuvent marquer un même sujet.

Le Chêne de Bodmer,
1865, huile sur toile
96,2 x 129,2 cm
New York,
Metropolitan
Museum of Art

Monet peignit ce tableau durant l'été 1865 à Chailly. Si les tons de terre dominent encore, des couleurs claires comme le bleu et le vert apparaissent. La puissance lumineuse de cette œuvre est due à l'utilisation de couleurs contrastant les unes avec les autres. Cet arbre, qui fut baptisé du nom du peintre Karl Bodmer, était l'un des motifs favoris des peintres de Barbizon.

Le soir même, je pris à part Sisley, Renoir et Bazille :
– « Filons d'ici, leur dis-je. L'endroit est malsain : on y manque de sincérité. »

Monet, s'exprimant sur l'atelier de Gleyre

Claude Lorrain, **Paysage avec bergers,** 1644 Huile sur toile 68 x 99 cm Madrid, Museu del Prado

Ce paysage de Claude Lorrain, baigné par une chaude lumière et composé avec harmonie, invite à la méditation. Lorrain ne s'intéressait pas tant aux acteurs et aux thèmes de ses tableaux qu'à la création d'un monde pictural idéal dans lequel l'homme et la nature vivent en harmonie. Le paysage a pris ainsi dans son œuvre une place prépondérante, mais Lorrain ne peignait pas d'après le motif comme les impressionnistes, préférant se laisser guider par sa fantaisie.

Une quête sans répit

Les années qui précèdent la guerre de 1870 sont marquées pour Monet par une grande misère ; lui et Camille doivent souvent déménager pour fuir leurs créanciers. Les tableaux qu'il envoie au Salon sont régulièrement refusés, de sorte qu'il commence à craindre pour sa carrière. En août 1867, Camille donne naissance à un garçon, Jean, mais Monet doit reporter le mariage pour des raisons pécuniaires. Monet épouse enfin Camille en 1870, juste avant le début de la guerre, et fuit avec elle à Londres, afin d'échapper à la mobilisation. Après un séjour assez peu productif en Angleterre – au cours duquel Monet n'en établit pas moins des contacts importants avec des marchands d'art et d'autres artistes –, la jeune famille passe un été heureux à Zaandam, avant de retourner à Paris en novembre 1871, une fois la guerre terminée. Monet peindra quelques vues de Paris qui occupent une place secondaire dans son œuvre.

1869, inauguration du canal de Suez

Monet, vers 1871

1865 L'esclavage est aboli aux États-Unis à la fin de la guerre de Sécession.

1867 Exposition universelle à Paris.

1870 Guerre entre la France et l'Allemagne (jusqu'en 1871).

1871 Répression sanglante de la Commune, à Paris. Le Baron Haussmann est chargé de percer de larges avenues. Berlin devient la capitale du Reich.

1865 Monet commence *Le Déjeuner sur l'herbe* sur une immense toile.

1866 Monet remporte un succès au Salon avec *Camille ou la robe verte.*

1867 Par manque d'argent, il s'installe chez sa tante à Sainte-Adresse. Camille lui donne un fils, Jean.

1868 Il obtient une médaille d'argent à une exposition au Havre. Séjour à Étretat.

1870 Il épouse Camille. Tableaux des plages de Trouville. Bazille est tué à la guerre. Pour échapper à la mobilisation, Monet s'enfuit à Londres où il fait la connaissance de Paul Durand-Ruel, marchand de tableaux parisien.

1871 À Londres, il étudie les œuvres de Turner et Constable. Lorsqu'il revient en France, la famille emménage à Argenteuil.

À gauche :
Les Promeneurs (Bazille et Camille), 1865
Étude partielle pour *Le Déjeuner sur l'herbe*
Huile sur toile
93,5 x 96 cm
Washington,
National Gallery of Art

À droite :
Quai du Louvre, 1867
Huile sur toile
65 x 92 cm
La Haye, Haags Gemeentemuseum

Le Déjeuner sur l'herbe, 1865
Huile sur toile
130 x 181 cm
Moscou, musée Pouchkine

Par son titre et par son thème, ce tableau fait allusion à l'œuvre de Manet. Monet cherche toutefois à se rapprocher de la réalité : cette image inondée de lumière dont les personnages, à l'échelle réelle, sont pour certains comme immobilisés au milieu d'une action, témoigne d'un moment réel. Ce tableau d'atelier est le résultat de plusieurs semaines d'études en plein air.

Le Déjeuner sur l'herbe

Il cherche à reproduire la matière en même temps que la vibration de la lumière.

John Rewald

Le jury du Salon de 1863 ayant refusé plus de trois mille toiles, Napoléon III, devant les véhémentes protestations des candidats déçus, autorisa une autre manifestation, le Salon des Refusés. Édouard Manet y déclencha un scandale sans précédent avec un tableau, *Le Déjeuner sur l'herbe*, sur lequel on voit une femme nue assise entre deux messieurs portant des vêtements contemporains. Pour Monet, ce tableau fut comme une révélation. En effet, Manet, sous l'influence des estampes japonaises, alors en vogue et que l'on trouvait dans le commerce depuis 1861, avait réduit la profondeur de son tableau et traité certaines

Femmes au jardin, 1866
Huile sur toile
256 x 208 cm
Paris, musée d'Orsay

Encouragé par son succès au Salon de 1866, Monet loua une petite maison à Sèvres, avec Camille. C'est là qu'il peignit cette vaste toile, qui fut toutefois refusée par le jury en 1867. Quatre jeunes femmes, peintes dans des tons vivement contrastés, vaquent à leurs occupations dans un jardin sans se soucier les unes des autres.

Édouard Manet,
Le Déjeuner sur l'herbe, 1863
Huile sur toile
214 x 270 cm
Paris, musée d'Orsay

Ce tableau de Manet, est aussi bien une critique de l'obsession des milieux artistiques pour la mythologie qu'un habile collage d'éléments picturaux dont la cohérence n'est qu'apparente, et qui s'assemblent dans un espace construit sans profondeur.

parties colorées en aplat. Quand Monet exposa lui-même pour la première fois au Salon, deux ans plus tard, il décida que l'année suivante, en 1866, il ferait parler de lui tout comme Manet, afin que les critiques d'art s'intéressent à lui. Il voulait peindre en plein air une toile gigantesque, de six mètres de large, sur le même thème – entreprise presque impossible pour des raisons techniques. L'été passa trop vite pour qu'il puisse achever ce *Déjeuner sur l'herbe* inondé de lumière. Il lui fallut donc peindre rapidement un autre tableau pour le vernissage du Salon. Il choisit comme sujet Camille Doncieux, son modèle qui devait devenir sa femme, et la représenta de dos, vêtue d'une robe élégante. La facture classique, bien maîtrisée, lui valut d'être distingué et de vendre plusieurs tableaux.

Camille ou la Robe verte,
1866
Huile sur toile
231 x 251 cm
Brême, Kunsthalle Bremen

Monet peignit ce portrait en quatre jours seulement. Camille Doncieux, modèle et nouvelle amie de Monet, est revêtue d'une magnifique robe de soie verte que Monet avait sans doute empruntée à son ami Frédéric Bazille. Malgré l'écriture classique faite pour séduire les membres du jury du Salon, ce tableau fut remarqué par Zola, qui s'exprima en termes élogieux sur cette toile pleine de vie et d'énergie. Monet put en tirer un bon prix et reçut même la commande d'une réplique.

La jeune famille

Les *Femmes au jardin* (voir p. 26), cette grande composition exécutée en plein air, ayant été refusées par le jury du Salon au printemps 1867, Monet se retrouva dans une situation financière catastrophique. Il dépendait d'autant plus de la générosité paternelle que sa compagne, Camille, était enceinte. Or, le père Monet posa pour condition à son soutien financier que son fils mette fin à cette liaison peu convenable. Face à ce dilemme, Monet dut tout d'abord se plier à la volonté de son père afin de pouvoir subvenir aux besoins les plus pressants de Camille. Il laissa son amie enceinte à Paris et s'installa à Sainte-Adresse, chez sa tante. Malgré cette situation personnelle difficile, Monet connut une période productive au Havre, puisqu'il ne s'attaqua pas à moins de vingt marines. Il semble que ses relations avec son père se soient également améliorées, car celui-ci apparaît sur plusieurs tableaux de cette période, comme *La Terrasse à Sainte-Adresse*.

Son fils Jean naquit en août 1867. L'artiste passait maintenant de plus en plus de temps à Paris et, au printemps 1868, il envoya deux paysages au Salon. Le jury accepta l'un des tableaux, mais Monet se sentait découragé car il avait le sentiment de ne pas progresser en peinture. Il reconnut son fils Jean, mais n'épousa pas Camille, puis retourna au Havre. Là-dessus, son père lui retira définitivement tout soutien

Le Déjeuner, 1868
Huile sur toile
230 x 150 cm
Francfort,
Städelsches
Kunstinstitut

Ce tableau, l'un des rares intérieurs peints par Monet, nous donne une idée de la vie bourgeoise que menait la famille – ce qui allait d'ailleurs de pair avec une montagne de dettes contractées auprès d'amis et de mécènes.

Ci-dessous :
Le Môle du Havre par mauvais temps, 1866
Huile sur toile
50 x 61 cm
Collection particulière

Demandez à Renoir qui nous a apporté du pain de chez lui pour que nous ne crevions pas. Depuis huit jours, pas de pain, pas de vin, pas de feu pour la cuisine, pas de lumière.
Monet à Bazille, 1868

La Terrasse à Sainte-Adresse, 1867
Huile sur toile
98,1 x 129,9 cm
New York, The Metropolitan Museum of Art

Ce tableau dénote l'influence des estampes japonaises qui connurent une grande vogue à partir de 1860, ce que l'on remarque à la composition décentrée, construite géométriquement – il n'existe pas de transition entre le premier, le deuxième et le troisième plan, qui semblent s'échelonner – ainsi qu'aux coloris lumineux.

matériel. Après une période de dures privations, la situation s'améliora en juin 1868, Monet ayant pu vendre quelques tableaux et recevoir des commandes à la suite de l'Exposition maritime internationale qui s'était tenue au Havre. La jeune famille put ainsi vivre quelques mois relativement heureux dans sa nouvelle demeure d'Étretat. Le peintre souhaita immortaliser cette nouvelle vie agréable par un tableau d'intérieur, *Le Déjeuner*. On y voit Camille et Jean assis à une table bien dressée, dans une ambiance bourgeoise. Monet n'était pas le peintre de la vie simple et même plus tard, il devait éviter de représenter le « laid ».

Au printemps 1869, Monet fut refusé une nouvelle fois au Salon, mais il ne se laissa pas démonter cette fois car il accordait désormais plus d'importance à son évolution artistique qu'à la rapidité de sa carrière.

Katsushika Hokusai,
Le Mont Fuji,
1829-1833
Gravure sur bois
23,9 x 34,3 cm
Londres, The British Museum

La Grenouillère

J'ai repris des choses impossibles à faire : de l'eau avec de l'herbe qui ondule dans le fond... c'est admirable à voir, mais c'est à rendre fou de vouloir faire ça. Enfin je m'attaque toujours à ces choses-là !

Claude Monet

Au cours de l'été 1869, Monet, qui avait l'intention de se lancer dans un nouveau grand projet, s'installa avec sa petite famille à Saint-Michel, près de Bougival, sur la rive gauche de la Seine.

Tout près de là se trouvait une guinguette, la Grenouillère, endroit très prisé des Parisiens. Le site se composait d'un vaste radeau abrité par un toit goudronné et soutenu par des piliers en bois, qui était relié à l'île de Croissy par deux passerelles. L'une des passerelles conduisait au milieu d'un restaurant flottant, l'autre à une minuscule île sur laquelle se dressait un arbre, ce qui lui valut le surnom de « pot de fleurs ». Les gens se retrouvaient ici, libérés des conventions de la ville et de sa morale rigoureuse, pour se détendre et s'amuser.

En peignant la vie moderne, Claude Monet et son ami Auguste Renoir souhaitaient aborder des thèmes qui s'harmonisaient avec leur nouvelle technique picturale ; ils avaient certainement aussi l'intention de faire sensation à Paris. Ils cherchaient à améliorer leur technique et à trouver des moyens d'expression artistique qui leur permettent de rendre l'ambiance d'un lieu ou d'un paysage. Les deux artistes plantèrent leurs chevalets sur la plate-forme flottante, en direction du pot de fleurs, et c'est à juste titre que l'on nomma le résultat « l'essence de l'impressionnisme » : deux tableaux, d'une facture révolutionnaire, qui montrent des gens ordinaires à une partie de plaisir.

Et pourtant, les deux œuvres sont extrêmement différentes l'une de l'autre. Si Renoir, sur ce tableau de jeunesse, prouve déjà son intérêt pour le corps humain et la matière, qu'il décrit avec des taches de couleurs subtilement dégradées, Monet franchit une étape considérable vers ce qui devait devenir le thème de sa vie : la peinture des ambiances fugaces à travers les effets lumineux.

Il reproduit son impression globale de la scène avec des couleurs fortement contrastées et des empâtements qu'il appose à coups de pinceaux larges et rapides. Le traitement de l'eau, en particulier, est révélateur d'une nouvelle

Pierre-Auguste Renoir,
La Grenouillère,
1869
Huile sur toile
66 x 86 cm
Stockholm,
Nationalmuseum

Les Bords de Seine à Bennecourt,
1868
Huile sur toile
81,5 x 100,7 cm
Chicago, The Art Institute of Chicago

évolution : l'eau n'est plus pour Monet un motif parmi tant d'autres – comme par exemple *Les Bords de Seine à Bennecourt*, – mais le thème essentiel de son langage pictural.

En effet, l'eau agitée reflète des images instantanées, les plus fugitives qui soient, ce qui en fait le symbole du momentané dans les tableaux de Monet. Par ailleurs, s'il est impossible de représenter la surface de l'eau en tant

La Grenouillère, 1869
Huile sur toile
74,6 x 99,7 cm
New York, Metropolitan Museum of Art

que matière, puisqu'elle est formée de reflets ou de ruptures de la lumière et des couleurs environnantes, elle devient par là même pour Monet la matière idéale pour dépeindre l'atmosphère d'un instant marquée par la lumière.

La Grenouillère **31**

La fuite à Londres

En juin 1870, Camille et Claude décidèrent enfin de se marier. Gustave Courbet, que Monet avait rencontré plusieurs fois lors d'excursions artistiques sur la côte normande, fut témoin. Il est possible que leur décision ait été motivée par la menace de conflit qui planait sur la Prusse et la France ; et en effet, la guerre franco-prussienne éclata trois semaines plus tard. Cela n'empêcha pas Monet et sa famille de passer tout d'abord des vacances très agréables à Trouville. Pourtant, face à la détérioration de la situation politique intérieure et quand la République fut proclamée en septembre, ils résolurent de fuir à Londres pour éviter que Monet ne soit mobilisé. Frédéric Bazille, quant à lui, s'engagea volontairement ; ce grand ami de Monet fut tué dès le mois de novembre.

Dans la capitale anglaise, la vie des réfugiés était dure. Monet se plaignait de l'indifférence des Anglais pour l'art français ; il ne parvint à se lier qu'avec des compatriotes qui, comme lui, s'étaient réfugiés à Londres et qui se retrouvaient régulièrement dans des cafés. Il revit le peintre Charles-François Daubigny qui voulut l'aider à vendre les toiles qu'il avait apportées de Paris et le présenta au marchand parisien Paul Durand-Ruel. Celui-ci exposa immédiatement dans sa galerie londonienne l'une des toiles peintes à Trouville et devint dès lors le plus important marchand de Monet, qui devait tirer pendant longtemps sa

L'hôtel des Roches noires à Trouville,
1870
Huile sur toile
80 x 55 cm
Paris, musée d'Orsay

Au cours de l'été 1870, Monet rencontra Boudin qui se trouvait également à Trouville en villégiature avec sa femme. Ensemble, ils passèrent des vacances insouciantes et productives. Sur ce tableau, Monet esquissa en quelques coups de pinceau vibrants un drapeau qui flotte au vent, qu'il posa directement sur la toile non préparée. Le drapeau n'a pas vraiment de forme, du fait de l'absence de contours et de l'apparition de la toile par endroits, ce qui lui confère ce caractère fugitif. Malgré la situation politique menaçante, le tableau met en scène de paisibles vacanciers sur la promenade, dans des tons lumineux.

subsistance de ces ventes. À Londres, Monet retrouva aussi Camille Pissarro, avec lequel il parcourut les musées de la ville, afin d'étudier les œuvres de Turner et de Constable. Lui-même peignit peu pendant le séjour londonien ; il ne fit que quelques vues de la Tamise et des parcs. Au cours de séjours ultérieurs, cette attitude défensive face à Londres devait se transformer en une véritable fascination pour les effets de la brume sur la Tamise.

À la fin du mois de mai 1871, juste après que Monet eut reçu la nouvelle du décès de son père, le Reich et la France signaient un traité de paix. Les Monet décidèrent alors de retourner en France.

Madame Monet sur le canapé,
1870-1871
Huile sur toile
58 x 65 cm
Paris, musée d'Orsay

Cette toile relativement petite, qui nous montre Camille dans un intérieur londonien éclairé par une lumière blafarde, s'écarte tout à fait des œuvres de Trouville par sa technique picturale et son motif. L'œuvre, d'une composition sobre, est dominée par des couleurs sombres et peu contrastées.

Hyde Park, 1871
Huile sur toile
41 x 74 cm
Rhode Island, School of Design, Museum of Art

Monet peignit six tableaux à Londres, dont cette vue sereine de Hyde Park rendue dans des tons couvrants.

Constable et Turner

À partir de 1820, John Constable (1776-1837) se consacra principalement au paysage. Aucun peintre avant lui n'avait accordé une telle importance dans ses travaux, aux études sur le motif effectuées en plein air. Après avoir séjourné à Venise et à Rome où il avait pu étudier les couleurs lumineuses des deux écoles de peinture italienne, ainsi que les œuvres de Claude Lorrain, il décida de peindre les paysages anglais. Constable, pour qui « peindre n'était qu'une autre expression pour sentir », s'écarta du paysage classique, dont la composition tendait à l'idéalisation. Il préféra étudier les aspects changeants de la nature

avec un acharnement presque scientifique, comme le prouvent ses multiples études de nuages. Pourtant, la grande vivacité de ses tableaux n'est pas due seulement aux motifs eux-mêmes mais aussi aux touches, voire aux taches de couleur pleines d'élan. « Constable, disait Delacroix dans son *Journal*, dit que la supériorité du vert de ses prairies tient à ce qu'il est composé d'une multitude de verts différents. Ce qui donne le défaut d'intensité et de vie à la verdure du commun des paysagistes, c'est qu'ils la font ordinairement d'une teinte uniforme ». À cause de cette nouvelle technique picturale, les huiles de Constable paraissaient

John Constable,
Moulin près de Brighton,
vers 1820
Huile sur carton
11,7 x 22,3 cm
Londres, The Victoria and Albert Museum

John Constable,
Étude de nuages,
vers 1820
Huile sur carton
37,1 x 46,4 cm
Londres, The Victoria and Albert Museum

esquissées et plus d'un spectateur les considéra comme inachevées. Quand Monet vit les œuvres de Constable dans les musées de Londres, il se peut justement que ces paysages « inachevés », vifs et peu sentimentaux l'aient encouragé à poursuivre dans la voie d'une peinture spontanée.

Les forces de la nature interprétées par Turner

Joseph Mallord William Turner (1775-1851), imprégné des idées du romantisme, peignait des paysages et leurs effets atmosphériques non pas avec le naturalisme d'un Constable, mais en y intégrant des métaphores mystérieuses sur la création du monde par exemple et le cycle des forces de la nature. Faisant appel aux sens du spectateur, Turner se servait de la couleur comme moyen d'expression afin d'illustrer le combat entre les forces élémentaires, lesquelles prenaient le plus souvent une apparence cataclysmique. Cet artiste éleva la couleur au rang d'élément de la composition en lui ôtant tout caractère figuratif. Les tableaux de Turner ne sont donc plus composés dans l'acception traditionnelle ; le plus souvent, les objets sont dépourvus de contours et ne sont pas placés dans le champ visuel selon les lois de la perspective centrale. Pour créer la profondeur parfois vertigineuse de ses

tableaux, Turner avait recours à de forts dégradés ainsi qu'à des touches circulaires, formant des spirales, qui créaient une certaine illusion d'aspiration. Même si Monet trouvait Turner antipathique « en raison du romantisme exubérant de son imagination », il reprit dans

ses œuvres tardives l'idée de « l'espace coloré » formulée par Turner. Du reste, Monet utilisait des couleurs plus claires, qu'il juxtaposait au lieu de les mélanger comme le faisait Turner. En ce qui concerne les motifs, les deux peintres furent les chantres du progrès technique. Si dans

J. M. W. Turner,
Tempête dans le Val d'Aoste, vers 1830
Huile sur toile
90,5 x 122,2 cm
Chicago, The Art Institute of Chicago

Ci-dessous :
J. M. W. Turner,
Pluie, vapeur et vitesse : le Great Western Railway,
1844
Huile sur toile,
91 x 122 cm
Londres, National Gallery

Pluie, vapeur et vitesse, Turner transfigurait en idéaliste la nature et la technique qui ne formaient plus qu'un tout esthétique, Monet se contenta plus tard de les juxtaposer. Quoi qu'il en soit, le choix de ce sujet, par son originalité, devait frapper l'imagination des jeunes impressionnistes.

Moulin près de Zaandam,
1871
Huile sur toile
48 x 73,5 cm
Copenhague, Ny
Carlsberg Glyptothek

À Zaandam, Monet peignit sans doute depuis un bateau, comme il devait en prendre l'habitude plus tard. Pour souligner la prédominance de l'eau sur le paysage, il choisit une perspective inhabituelle et plaça très bas le point de vue. Les paysagistes néerlandais du XVIIe siècle avaient déjà placé leur ligne d'horizon à un niveau étonnamment bas, et élevé des montagnes de nuages au-dessus de leurs paysages plats. Contrairement à eux, Monet ne cherchait pas à créer une profondeur illusoire : il ne peignait pas des campagnes qui s'étendent à perte de vue jusqu'à une ligne de contact entre le ciel et la terre, mais établissait un contraste entre premier et arrière-plan qui faisait parfois l'effet d'un décor théâtral. Tout comme Constable, Monet s'intéressait clairement au jeu des phénomènes de la nature et à l'impression momentanée.

Retour et détours

À Londres, Monet avait entendu parler d'un petit village dans les environs d'Amsterdam, Zaandam, dont ses collègues vantaient l'atmosphère et la lumière – Daubigny le tout premier, en tant que paysagiste. C'est pourquoi Monet, en rentrant en France début juin 1871, fit un détour par ce petit village tranquille et peu spectaculaire.

La situation économique de la famille s'était nettement améliorée car, mis à part les revenus de Camille – qui donnait des cours de français et touchait une petite rente –, Claude, ayant vendu des tableaux à Durand-Ruel en Angleterre et perçu sa part de l'héritage paternel, avait les moyens de mener une vie contemplative en Hollande. Monet fut très inspiré, et même passionné par le plat pays, son

réseau de canaux et ses moulins à vent, à tel point qu'il écrivit à son ami Pissarro qu'il y avait là suffisamment de motifs pour remplir toute une vie. En effet, pendant les cinq mois que dura le séjour à Zaandam, Monet peignit plus de vingt paysages importants. La Hollande offrait l'union idéale entre les motifs favoris de Monet, le ciel et l'eau, qu'il peignait en plein air et dans des tons de terre sur des tableaux paisibles, à l'atmosphère dense. Il ne semble pas que Monet se soit intéressé outre mesure aux maîtres du paysage néerlandais, même si on pourrait être porté à le croire, car les prestigieuses collections d'Amsterdam ne réussirent pas à lui faire quitter Zaandam pour bien longtemps.

En novembre 1871, les Monet revinrent enfin à Paris, où l'occupation par l'armée prussienne avait laissé

Vue sur la Voorzaan,
1871
Huile sur toile
39 x 71 cm
Collection particulière

Canal à Zaandam,
1871
Huile sur toile
43,8 x 72,4 cm
Collection particulière

avant la guerre, lui acheta un paysage de Hollande. Bien sûr, Monet ne tarda pas non plus à reprendre contact avec le milieu artistique. C'est ainsi qu'en compagnie de Boudin, son ancien maître, il se soucia du sort de Gustave Courbet, le célèbre peintre, qui avait été emprisonné en mars pendant la révolte de la Commune de Paris contre le gouvernement versaillais. Dans cette affaire, Monet, qui était au fond apolitique, fit preuve d'engagement et de courage et ces traits de caractère devaient caractériser ses autres interventions dans la vie publique, même si elles furent rares.

des traces. Ils s'installèrent à l'hôtel de Londres, dans le quartier de la gare Saint-Lazare car, à quelques maisons de là, rue d'Isly, Monet avait trouvé un atelier. Il commença par peaufiner ses études de Zaandam, afin de pouvoir les vendre. Latouche, le marchand de fournitures pour artistes, chez qui Monet avait exposé

L'impressionniste 1872–1880

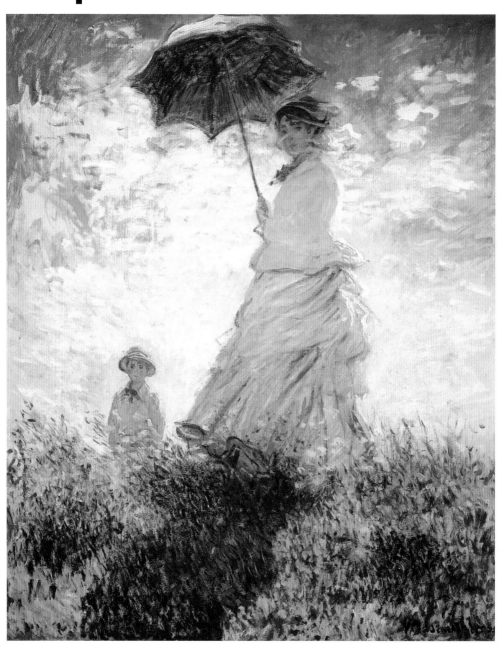

Fin 1871, la famille s'installe à Argenteuil, où l'artiste exécute plus d'une centaine de tableaux qui se classeront parmi les œuvres les plus belles et les plus célèbres de l'impressionnisme, avec leurs couleurs lumineuses, leur facture rapide et légère et leurs motifs qui célèbrent la joie de vivre. Monet et ses amis, encouragés par les achats réguliers de leur nouveau marchand, Durand-Ruel, fondent une association d'artistes et montrent leurs œuvres dans une exposition de groupe indépendante du Salon. Si la gloire n'est pas encore au rendez-vous, les peintres, baptisés « impressionnistes » par un critique moqueur, ne sont plus des inconnus.

Après la naissance d'un second fils, la famille emménage à Vétheuil. Malgré la mort prématurée de Camille, Monet y peindra des paysages rapidement esquissés d'une intensité chromatique et d'un luminisme tels qu'on n'en avait jamais vus.

Ouvriers dans un atelier de photographie, vers 1873

1872 L'Allemagne dépasse la France en tant que puissance industrielle.

1873 Alliance entre l'Allemagne, l'Autriche et la Russie. Jules Verne publie *Le Tour du monde en quatre-vingts jours.*

Monet, à l'âge de 35 ans

1872 Monet se fait construire un atelier sur un bateau, travaille à Argenteuil et à Paris. Durand-Ruel lui achète vingt-neuf tableaux.

1874 Deuxième voyage en Hollande. Première exposition impressionniste.

1876 Deuxième exposition impressionniste. Monet peint quatre panneaux décoratifs dans la propriété des Hoschedé à Rottenbourg.

1877 L'artiste peint la gare Saint-Lazare. Troisième exposition impressionniste.

1878 Naissance de son fils Michel. Installation à Vétheuil.

1879 Paysages enneigés à Vétheuil. Décès de Camille que Monet peint sur son lit de mort.

1880 Expose au Salon. Première exposition personnelle. Voyage sur la côte normande.

À gauche :
Femme à l'ombrelle (madame Monet et son fils),
1875
Huile sur toile
100 x 81 cm
Washington, National Gallery of Art

À droite :
Édouard Manet,
Monet dans sa barque au bord de la Seine,
1874
Huile sur toile
82,5 x 100,5 cm
Munich, Neue Pinakothek

La Seine à Argenteuil

À son retour de Zaandam et après une brève apparition à Paris, Monet loua une maison à Argenteuil, alors en plein essor industriel. Comme le chemin de fer permettait de s'y rendre en une demi-heure, de nombreux Parisiens venaient s'y détendre en fin de semaine. De même, Monet pouvait se rendre à Paris à toute heure du jour, pour retravailler ses œuvres dans son atelier ou pour aller voir ses amis artistes ainsi que d'éventuels acheteurs au café Guerbois. Son ami Renoir venait souvent le voir à Argenteuil ; ensemble, ils allaient sur le motif dans les environs. C'est à cette époque que Monet se fit construire son célèbre atelier flottant (voir p. 39) qui lui permettait de se déplacer sur l'eau avec son chevalet et grâce auquel – tout comme en Hollande – il peignit des paysages d'eau surprenants et d'une authenticité remarquable. Force nous est d'admettre, au demeurant, que ces vues idylliques n'étaient pas tout à fait conformes à la réalité : dans cette région, la Seine était déjà fortement polluée par les eaux usées d'origine industrielle ; quelques contemporains scandalisés parlaient même du fleuve comme d'un cloaque puant sur lequel flottaient des ordures. Monet, toujours fidèle à ses habitudes, exclut de ses tableaux les « ordures inesthétiques » de la société. Il estimait positive et harmonieuse l'association entre nature et technique et intégrait volontiers des trains et leur vapeur ou d'immenses ponts dans les arrière-plans de ses tableaux.

Pierre-Auguste Renoir,
Claude Monet,
1875
Huile sur toile
60 x 50 cm
Paris, musée Marmottan

Régates à Argenteuil,
1872
Huile sur toile
48 x 75 cm
Paris, musée d'Orsay

Grâce à la perspective située très bas et à la position du peintre (sur l'eau), le spectateur a l'impression de participer lui-même à la régate. Le tableau acquiert ainsi la crédibilité de l'expérience vécue, même s'il semble plus s'attacher aux reflets lumineux et aux contrastes colorés qu'aux descriptions de détails.

Le Port d'Argenteuil, 1872
Huile sur toile
60 x 80,5 cm
Paris, musée d'Orsay

À Argenteuil, Monet éclaircit notablement sa palette. Il remplaça surtout le noir par du bleu et du violet pour rendre les ombres. Désormais, il ajoutait souvent du blanc à ses couleurs. Sur ce tableau, il s'érige en maître des jeux d'ombres et de lumières.

Le Pont d'Argenteuil, 1874
Huile sur toile
60 x 80 cm
Paris, musée d'Orsay

Ici, Monet travailla en détail la nature changeante de la surface de l'eau. Près de la rive, l'eau est lisse tandis que des vaguelettes se forment au milieu du fleuve, à cause du léger courant.

Première exposition impressionniste

Depuis son retour de Zaandam, Monet, comme la plupart de ses amis peintres, n'envoyait plus de tableaux au Salon. La raison principale à cela était que Durand-Ruel, leur marchand, acheta de nombreux tableaux aux jeunes artistes entre 1872 et 1873. Ayant ainsi acquis une certaine confiance en leur talent, ils décidèrent fin 1873 d'organiser une exposition financée par leurs propres moyens. Monet, Renoir, Cézanne, Sisley, Pissarro fondèrent avec Manet, Jongkind et quelques autres une association d'artistes et ils annoncèrent leur projet dans les gazettes parisiennes pour inviter tous les artistes sérieux à se joindre à eux. Cette campagne de publicité plutôt originale avait été mûrement réfléchie car l'exposition reviendrait d'autant moins cher qu'un nombre

L'atelier de Nadar, photographie, vers 1861

Pierre-Auguste Renoir, **La Loge,** 1874 Huile sur toile 80 x 64 cm Londres, Courtauld Institute Galleries

Renoir s'intéressait moins aux boulevards, emblèmes de la capitale, qu'au monde des plaisirs, de l'opéra et des cafés. Il plaçait l'être humain au premier plan.

important d'artistes y participerait. Par ailleurs, les amis souhaitaient attirer au sein de leur groupe des peintres confirmés, afin de ne pas être confondus avec les artistes refusés au Salon.

La première exposition impressionniste ouvrit ses portes le 15 avril 1874 dans les locaux de l'ancien atelier de Nadar, boulevard des Capucines. Monet exposa douze tableaux, dont deux œuvres magistrales de cette époque, *Impression, soleil levant*, peinte en 1872 au Havre et le *Boulevard des Capucines*, plus récent. Si les curieux, assez peu nombreux,

Boulevard des Capucines,
1873
Huile sur toile
61 x 80 cm
Moscou, musée Pouchkine

Sur ce tableau, le style impressionniste de Monet est parvenu à sa maturité. Les couleurs sont posées sur la toile avec élan et rapidité comme sur *La Grenouillère*, mais avec un pinceau plus mince et bref. Cette vue peinte depuis l'atelier du photographe Nadar montre l'agitation et la foule sur les grands boulevards, vitrines du Paris moderne. Les personnages coupés comme par hasard sur le bord droit du tableau en font une sorte de photographie sur laquelle un instant précis mais fugace aurait été fixé.

Paul Cézanne,
La Maison du pendu,
1873
Huile sur toile
56,5 x 68,5 cm
Paris, musée d'Orsay

Ce tableau figurait parmi les rares œuvres vendues au cours de la première exposition du groupe.

semblaient s'amuser, les critiques étaient partagés. Certains, faisant de l'esprit, remarquèrent que les peintres avaient dû se servir de pistolets pour poser leurs couleurs sur les toiles tandis que d'autres admirèrent le *Boulevard des Capucines* et sa restitution convaincante d'un moment fugitif. Ils critiquèrent néanmoins la facture esquissée qui donnait au tableau un aspect inachevé. Le commentaire le plus marquant de cette exposition revient à Louis Leroy, critique d'art, qui, estimant qu'*Impression, soleil levant* de Monet caractérisait bien la mouvance du groupe, intitula son article peu élogieux « Exposition des impressionnistes ». Les jeunes artistes ignorèrent la provocation et considérèrent ce titre comme un compliment ; désormais, ils porteraient le nom d'impressionnistes. Ils réussirent là un coup astucieux, car ce nouveau nom les fit connaître d'un vaste public, même si la gloire espérée devait encore se faire attendre.

Impression, soleil levant

*On dirait que la main s'abandonne à suivre la lumière. Elle renonce
à l'effort de la capter. Elle glisse sur la toile, comme la lumière a glissé
sur les choses.*

Octave Mirbeau

Quand Monet et ses amis inaugurèrent leur première exposition indépendante chez Nadar, ils bénéficièrent de conditions particulièrement favorables. La France, qui venait de perdre la guerre contre l'Allemagne, était démoralisée ; elle avait dû céder des régions industrielles importantes avec l'Alsace et la Lorraine et devait payer des dommages de guerre considérables au vainqueur. Le gouvernement, qui cherchait à restaurer le bon vieux temps et raviver les forces de la nation, en appela aux artistes, dans les colonnes de la *Gazette des Beaux-Arts*, afin qu'ils contribuent au redressement moral et intellectuel de la grandeur française. La conséquence de cet appel fut qu'en 1872, le premier Salon d'après-guerre fut encombré de glorieuses allégories et autres scènes militaires. Plusieurs critiques d'art s'élevèrent contre le manque d'intérêt de ces tableaux et se trouvèrent d'accord pour affirmer que seul le paysage montrait du caractère. Une semaine avant le début de l'exposition des impressionnistes, un autre article réclamait davantage de liberté pour les artistes, afin qu'ils puissent organiser eux-mêmes des expositions.

Notre groupe de peintres prit note de cette évolution des esprits. Et Monet avait bien l'intention, dès le début, de faire sensation avec *Impression, soleil levant*. Le titre à lui seul recelait une provocation car Gautier, un célèbre critique, s'était servi du terme en 1861 pour juger une œuvre de Daubigny dans un contexte négatif, quoique prophétique. Gautier avait reproché au peintre de s'être contenté d'une impression, d'avoir donné une idée bâclée de la nature et d'avoir négligé impudemment les détails. Il est vrai que le tableau de Monet se distingue

James McNeill Whistler,
**Nocturne : bleu et argent.
Chelsea,** 1871
Huile sur bois
50,2 x 60,8 cm
Londres, The Tate Gallery

de ses autres œuvres par son aspect esquissé et sommaire. Par ailleurs, il est d'une tonalité assez sombre, ce qui est rare chez Monet. Lui-même devait le confirmer, il ne s'agit pas d'un relevé topographique du port du Havre. On ne distingue à l'arrière-plan, dans le flou, que des cheminées fumantes et les mâts des bateaux et, au premier plan, trois canots sur les eaux calmes. La boule rouge et lumineuse du soleil levant pourrait être interprétée comme le symbole du redressement moral de la France, étant donnée la situation politique, mais cette vue se trouve en contradiction avec l'œuvre de Monet dans son ensemble, d'où la politique est absente. Loin de là, cette atmosphère matinale qui confine presque au lyrisme rappelle avec ses tons atténués, son traitement en aplat et ses formes abstraites les vues de la Tamise peintes vers 1870 par l'Américain James McNeill Whistler, que Monet avait peut-être rencontré lors de son exil londonien en 1870-1871. Whistler estimait que la peinture devait se suffire à elle-même, et ne pas devenir le vecteur d'idées littéraires ou morales. Il rejoignait là les impressionnistes français qui ne se sentaient plus liés à la littérature, à la mythologie ou à l'histoire dans le choix de leurs sujets.

Ce n'est pas tant à cause de son titre, qu'*Impression, soleil levant* est devenu le symbole de la peinture impressionniste, que par son caractère et sa facture : Monet s'intéressait moins à son sujet qu'à la qualité changeante de la lumière. Il peignit donc vite, en utilisant parfois une pâte épaisse. Le tableau ne décrit pas une scène, mais une ambiance.

Impression, soleil levant, 1872
Huile sur toile
48 x 63 cm
Paris, musée Marmottan

Les couleurs des impressionnistes

Édouard Manet,
Argenteuil, 1874
Huile sur toile
149 x 115 cm
Tournai,
musée des Beaux-Arts

couleurs, c'est-à-dire en juxtaposant des couleurs complémentaires. Par ailleurs, le peintre savait que les ombres ne sont jamais uniquement noires ou grises : leur ton est fonction de la couleur environnante ainsi que de celle du soleil. Ce principe devait avoir une influence importante sur l'impressionnisme, ce qui ressort à la comparaison entre le traitement des ombres chez un pré-impressionniste tel que Manet d'une part, et chez Renoir et Monet d'autre part. Vers le milieu du XIXe siècle, certains scientifiques étudièrent plus en détail la composition de la lumière et la perception par l'œil

humain. Ils finirent par admettre que l'homme perçoit la couleur en fonction de sa propre sensibilité à la couleur et qu'il ne peut donc pas y avoir de normes objectives pour déterminer les couleurs. Les impressionnistes se tenaient au courant de ces découvertes, qui étaient publiées dans les revues d'art, mais leur propre expérience de la peinture en plein air les avaient déjà amenés aux mêmes conclusions. Comme ils peignaient directement devant la nature, ils devaient harmoniser leur palette avec la forte luminosité. Ils utilisaient entre treize et vingt couleurs du spectre,

Chemin de traverse près de Pourville, 1882
Huile sur toile
58,2 x 78 cm
Collection particulière

Avec l'adoption de la peinture en plein air, la couleur devint, tout au long du XIXe siècle, le véritable moyen d'expression de l'artiste. Le dessin, qui jusque-là avait été à la base de toute composition, dut peu à peu céder la place à la couleur, jusqu'à être totalement supplanté par la peinture proprement dite, sous l'influence des impressionnistes. Depuis que, au XVIIe siècle, on avait émis l'idée que l'image peinte devait reproduire le monde tel qu'il nous apparaissait, les artistes

avaient de plus en plus pris conscience de l'insuffisance de leurs moyens picturaux. Il passait par exemple pour impossible de peindre la lumière du soleil ou les tons clairs de la nature car les couleurs disponibles ne le permettaient pas. C'est pourquoi la couleur fut mise en scène grâce aux contrastes simples du clair-obscur. Eugène Delacroix découvrit finalement vers 1840 que l'on peut augmenter l'effet lumineux en remplaçant ce clair-obscur dans la composition par de forts contrastes de

c'est-à-dire des tons qui se rapprochent de ceux de l'arc-en-ciel, et renoncèrent à partir de 1870 au noir, considéré comme la négation de la couleur. Par ailleurs, les impressionnistes furent aussi encouragés à peindre la lumière du soleil par l'apparition, entre 1840 et 1860, des couleurs et pigments à l'huile de fabrication industrielle, qui étaient vendus dans des tubes transportables. Ces nouvelles couleurs étaient plus lumineuses que les anciennes et se prêtaient à l'empâtement sans couler. Monet et ses amis les utilisaient avec précaution toutefois, car beaucoup de ces couleurs synthétiques n'étaient pas aussi stables que les anciennes. Leurs couleurs favorites étaient le violet, qu'ils obtenaient désormais sans avoir besoin de faire des mélanges compliqués. La luminosité si remarquable des coloris de leurs tableaux n'était en fait pas due seulement aux nouvelles couleurs, qui étaient souvent mélangées à du blanc, mais aussi à la technique employée. L'écriture spontanée et les touches de largeur et de longueur inégales produisaient cet ensemble typique de taches colorées dont les contrastes illuminaient le tableau. Les impressionnistes réussirent ainsi à créer une luminosité qui pénétrait tous les éléments du tableau. La vibration des couleurs qui a souvent été remarquée sur leurs tableaux provient de ces taches colorées ; en outre,

elle déclenche le processus de perception subjective chez le spectateur. Quelques années plus tard, les pointillistes devaient franchir l'étape suivante puisqu'ils ne mélangeaient plus du tout leur couleurs, mais juxtaposaient de si petits points de couleurs pures que celles-ci se mélangeaient dans l'œil du spectateur où elles reconstituaient une impression homogène de formes et de couleurs.

Pierre-Auguste Renoir,
La Balançoire,
1876
Gouache sur carton
92 x 73 cm
Paris, musée d'Orsay

La gare Saint-Lazare

En 1877, la locomotive gonflait encore les cœurs d'enthousiasme comme un miracle de la science. Monet voulait montrer que même une machine noire et une verrière noire pouvaient être représentées par du bleu, que le gris sale du sol pouvait être vu en vert et que la fumée même pouvait devenir lumière.

Lionello Venturi

À la recherche d'inspirations nouvelles, Monet fut de nouveau attiré à Paris. Il voulait peindre la gare Saint-Lazare, qui était le terminus du chemin de fer qui l'emmenait au Havre mais aussi vers les différentes résidences qu'il eut le long de la Seine. Le chemin de fer était considéré comme le symbole du progrès technique et de la vie moderne, puisqu'il facilitait les déplacements de larges couches de la population, influençant par la vie professionnelle aussi bien que les loisirs des citadins : les expéditions dans la région parisienne ou sur la côte n'étaient plus de longs périples coûteux. Les gares à la sobre architecture

**Le Pont de l'Europe.
Gare Saint-Lazare,**
1877
Huile sur toile
64 x 81 cm
Paris, musée Marmottan

d'acier et de verre, dans lesquelles se pressait la foule, avaient déjà été baptisées les « nouvelles cathédrales de France ». Il n'est donc pas étonnant si elles devinrent un thème favori des écrivains, des peintres et même des compositeurs comme Hector Berlioz qui composa une chanson à leur gloire. Monet, lui aussi, fut enthousiasmé par ce nouveau motif. Ses horizons sont souvent occupés par un train et il alla même jusqu'à placer les colosses au panache de vapeur au milieu de ses tableaux. Selon la légende propagée par Renoir, quand Monet décida de peindre la gare Saint-Lazare, il sollicita auprès du chef de gare

la permission de disposer les trains et de les faire chauffer selon son bon plaisir. Même si cette anecdote semble un peu fantaisiste, elle fournit un argument aux opposants de la thèse selon laquelle les impressionnistes et Monet le premier ne soignaient pas la composition de leurs tableaux : la toile présente un réseau soigneusement élaboré de lignes de mouvement et d'axes de vue qui contribuent autant à l'animer que les champs colorés aux riches contrastes. Les esquisses de Monet fournissent une autre preuve du soin qu'il avait apporté à la composition, mais aussi le fait qu'il s'agit d'une série de onze tableaux. Contrairement au tableau de la gare peint par Manet, qui a choisi l'être humain comme sujet, reléguant au second plan l'endroit indiqué par la vapeur et

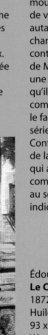

Édouard Manet,
Le Chemin de fer,
1872-1873
Huile sur toile
93 x 114 cm
Washington,
National Gallery

les quais, chez Monet, les différents éléments, comme les personnages, les façades des maisons et même les trains, sont traités de manière sommaire pour mieux servir l'impression d'ensemble. Monet voulait représenter l'interaction entre vapeur et lumière, entre mouvement et bruit des machines, entre espace ouvert et espace fermé. Émile Zola lui-même fut très impressionné par l'atmosphère de la gare qui se dégage de ce tableau. Il lui semblait percevoir

La Gare Saint-Lazare,
1877
Huile sur toile
75 x 100 cm
Paris, musée d'Orsay

Étude,
1877
Crayon sur papier
Paris, musée Marmottan

le martèlement des trains entrant ou sortant de la gare. Pour lui, la peinture moderne se devait de montrer ce genre de scènes.

Installation
à Vétheuil

Au cours de l'été 1878, les Monet s'installèrent au bord de la Seine à Vétheuil, un village qui avait été épargné par l'industrialisation. La famille, qui comptait un quatrième membre depuis la naissance de Michel à Paris en mars, trouva là une petite maison avec un jardin. La famille connaissait de nouveau de graves tracas financiers car Ernest Hoschedé, un homme d'affaires parisien qui était un client et mécène généreux de Monet, avait

L'Église de Vétheuil en hiver,
1879
Huile sur toile
52 x 71 cm
Paris, musée d'Orsay

Vétheuil, dans le Val d'Oise,
photographie, vers 1890

été acculé à la faillite. Il fut forcé de vendre les œuvres de Monet à bas prix, ce qui fit baisser leur cote. Le peintre resta pourtant en bons termes avec Hoschedé et sa femme Alice et les accueillit même dans sa maison de Vétheuil. Quand Camille mourut un an plus tard, en septembre 1879, Alice s'occupa des deux fils de Monet en plus de ses six enfants à elle, et les deux familles ne firent plus qu'une.

Au milieu de ces épreuves, Monet peignit presque deux cents paysages d'une nature inviolée par l'homme. La quatrième exposition impressionniste en 1879 ayant rencontré peu de succès, Monet, à bout de ressources, exposa de nouveau au Salon en 1879 et en 1880. L'éditeur de *La Vie moderne*, encouragé par l'intérêt croissant du public pour Monet, l'invita à faire sa première exposition personnelle dans les locaux de la rédaction du magazine. L'exposition eut lieu en juin 1880 et contribua à établir la renommée de Monet ; il put vendre plusieurs des œuvres exposées à un bon prix.

**Vue de Vétheuil.
La débâcle,** 1880
Huile sur toile
71 x 100 cm
Collection particulière

Les paysages d'hiver constituaient une véritable épreuve physique pour les adeptes de la peinture en plein air ! Monet présenta plusieurs œuvres de ce genre lors de sa première exposition individuelle. Les impressionnistes aimaient particulièrement les paysages de neige qui leur permettaient de négliger les formes pour se concentrer sur les effets de couleur et de lumière.

**Portrait de Jean
Monet,** 1880
Huile sur toile
46 x 37 cm, Paris,
musée Marmottan

À droite :
**Portrait de Michel
Monet,** 1880
Huile sur toile
46 x 38 cm, Paris,
musée Marmottan

Après la mort de Camille, Monet trouva une fidèle compagne en Alice Hoschedé, qui s'occupa de ses fils. Lorsque celle-ci fut abandonnée par son mari, Ernest Hoschedé, Monet se retrouva à la tête d'une famille de huit enfants.

**Camille Monet sur
son lit de mort,**
1879
Huile sur toile
60 x 81,5 cm
Collection particulière

L'état de santé de Camille s'était détérioré depuis 1876, sans doute à la suite d'un avortement. Elle fut complètement épuisée par la naissance de Michel, le 17 mars 1878, et mourut le 5 septembre 1879, à l'âge de 33 ans. Monet lui fit ses adieux en peignant ce dernier portrait d'elle sur son lit de mort.

En harmonie avec la nature

Pendant l'été 1881, avant d'emménager à Poissy, Monet peignit son jardin de Vétheuil, qui s'étendait jusqu'à la rive de la Seine. Tout comme à Argenteuil, le départ proche l'incita à contempler une dernière fois sa maison et son jardin. Ces images idylliques du jardin, remplies de la splendeur des fleurs de l'été, avec les enfants qui jouent, symbolisent le désir de Monet de vivre en harmonie avec sa famille et la nature.

Contrairement aux tableaux d'Argenteuil qui témoignent de la fusion harmonieuse entre paysage et progrès technique, Monet représente désormais la nature inviolée dans toute sa beauté et toute sa force. Les personnages ont presque disparu de ses tableaux ou du moins n'apparaissent-ils plus qu'au titre d'accessoires.

Après la mort de Camille, les liens qui unissaient Monet et Alice se resserrèrent et, quand Hoschedé quitta la maison, Monet se retrouva d'un coup à la tête d'une famille de huit enfants. Plus que jamais, il se trouvait intégré dans une cellule familiale stable et il devait désormais tenir compte des besoins de sa progéniture avant de former des projets. En novembre 1881, la grande famille s'installa donc à Poissy, une ville plus importante, toujours au bord de la Seine, afin que les enfants puissent poursuivre leur scolarité dans de bonnes conditions.

Le Jardin de Monet à Vétheuil, 1881
Huile sur toile
151,4 x 121 cm
Washington, National Gallery of Art

Monet chercha à établir un contraste frappant entre les forces de la nature et l'homme en peignant d'énormes tournesols à côté de petits enfants. À la différence de Runge, son style est dénué de toute signification mystique ou transcendantale. Il inonde la scène d'une puissante lumière solaire pour exprimer une énergie vitale positive.

Philipp Otto Runge, **Paysage,** 1859
Huile sur toile
96,5 x 152 cm
Dresde, Gemäldegalerie, Neue Meister

Paysage à Vétheuil,
1880
Huile sur toile
59,7 x 80 cm
Glasgow, Art Gallery
and Museum Glasgow

Les tableaux d'été
à Vétheuil se
distinguent par leur
magnifique effet
lumineux dans des
couleurs brillantes,
posées par touches
encore plus
esquissées et rapides
qu'auparavant.
Désormais, Monet se
sert davantage de
la couleur et de son
coup de pinceau pour
exprimer son intérêt
personnel pour
la nature que pour
décrire en détail
ce qu'il voit. Le public
apprécie enfin cette
technique picturale
subjective, qui lui
était déjà familière.

Monet ne se contente pas de rendre l'aspect formidable et grandiose de la nature, il la fait encore aimable, charmante et telle que l'œil d'un homme jeune et heureux peut la voir. Jamais une pensée triste ne vient désoler le spectateur devant les toiles de ce peintre puissant.

Georges Rivière

**Les Rives de la Seine
à Vétheuil,** 1880
Huile sur toile
73,4 x 100,5 cm
Washington, National
Gallery of Art

Monet ne représente
pas de personnages,
et ce pour plusieurs
raisons. Alors que
Vincent van Gogh,
à la même époque,
devait souvent se
passer de modèles
par manque d'argent,
Monet avait de quoi
convaincre les
paysans de Vétheuil
de poser pour lui.
Pourtant, seule sa
famille apparaît de
temps à autre, dans
un jardin ou la
campagne. Il est clair
que Monet voulait
communier avec la
nature sans en être
distrait. Du fait
de l'absence de
personnages, ses
tableaux sont par
ailleurs dépourvus
de toute connotation
sociale, ce qui en fait
des œuvres
apolitiques, d'une
portée universelle.

Voyages et retraite

À partir de 1882, Monet ne présente plus ses tableaux ni au Salon ni aux expositions des impressionnistes. Comme ses amis artistes, il s'attache à développer un style personnel et original et ne cesse de chercher de nouveaux motifs sensationnels. Monet décide donc de partir en voyage. Il ressentira une très forte émotion devant les paysages italiens en particulier, et l'exotisme de leur monde végétal et chromatique. En travaillant avec acharnement, il saisit dans ses paysages cette ambiance colorée, à la fois effrayante et merveilleuse. Au bout de trois mois, Monet retourne à Giverny, sa nouvelle résidence, et commence à installer son foyer avec Alice, entre deux excursions artistiques. À Giverny, Monet, désormais à l'abri du besoin, trouve suffisamment de motifs et parvient peu à peu à la sérénité.

Construction de la Statue de la Liberté, 1884

1886 En l'honneur du premier centenaire de la Déclaration d'Indépendance des États-Unis, la France leur offre la Statue de la Liberté.

1889 À l'occasion de l'Exposition universelle, la tour Eiffel est inaugurée en dépit des controverses.

Monet, vers 1887

1881 Les tableaux de Monet se vendent désormais à des prix satisfaisants. Il s'installe à Poissy, avec Alice Hoschedé.

1883 Voyage à Étretat. Installation à Giverny.

1884 Voyage en Italie. Monet peint ses tableaux aux couleurs les plus gaies.

1886 Durand-Ruel organise une grande exposition d'impressionnistes à New York. Voyage en Bretagne.

1887 En pourparlers avec le marchand Theo van Gogh (frère de Vincent), en vue d'une exposition à Londres. Aux États-Unis, sa notoriété ne fait que croître.

1888 Voyage sur la Côte d'Azur (vues d'Antibes). Commence sa première série (*Les Meules*).

1889 Exposition à Londres. Exposition avec Rodin chez Durand-Ruel, où il présente 145 œuvres.

À gauche :
La Cabane du pêcheur à Varengeville,
1882
Huile sur toile
60,5 x 81,5 cm
Boston, The Museum of Fine Arts

À droite :
Les panneaux peints des portes de l'appartement de Durand-Ruel,
1882-1885
Huile sur bois

Tour de France

Grâce à sa première exposition personnelle, Monet avait acquis une certaine renommée, de sorte que sa situation financière s'améliora enfin. Par ailleurs, Durand-Ruel, le marchand d'art, lui achetait de nouveau des tableaux à un bon prix.

Le peintre, une fois installé à Poissy, n'y trouva pas de motifs très intéressants. Cette ville offrait en revanche un avantage dont était dépourvu Vétheuil, celui d'être desservie par le chemin de fer. Monet pouvait ainsi se rendre en toute facilité sur la côte normande qui l'attirait toujours autant, afin d'y faire des séjours prolongés. En 1882, il se rendit à Pourville, une station balnéaire à vocation touristique, non loin de Paris, tout d'abord seul, puis avec sa famille. Comme à Vétheuil, il n'était pas attiré par les traces de la civilisation, par les établissements balnéaires et les hôtels, mais par la côte pittoresque et les falaises. Dans la

La Plage d'Étretat,
1883
Huile sur toile
65 x 81 cm
Paris, musée d'Orsay

La Côte à Étretat,
photographie,
vers 1900

solitude de la nature, le travail avançait bien. Depuis peu, Monet peignait plusieurs tableaux en même temps, jusqu'à huit, afin de pouvoir saisir les rapides variations du temps et de la lumière. Il réalisa près d'une centaine de marines et en présenta plusieurs à la septième exposition impressionniste, en avril 1882. L'an-

née suivante, en janvier, il visita Étretat, un village de pêcheurs non loin du Havre, pour y peindre les célèbres autant qu'étranges falaises. Monet s'attaqua de nouveau à plusieurs tableaux en même temps, à cause des caprices du climat, mais ne revint qu'avec une douzaine de toiles. Après sa deuxième exposition personnelle, cette fois-ci organisée par Durand-Ruel, qui n'eut d'ailleurs guère de succès, Monet décida fin 1883 de partir vers le Sud, en Italie, avec son ami Renoir.

On peut dire de Monet qu'il a véritablement inventé la mer, car il est le seul qui l'ait comprise ainsi et rendue avec ses changeants aspects, ses rythmes énormes, son mouvement, ses reflets infinis et sans cesse renouvelés, son odeur.

Octave Mirbeau

Ci-dessus :
L'Aiguille creuse à Étretat,
1886
Huile sur toile
60 x 73 cm
Moscou, musée Pouchkine

Pourville à marée basse, 1882
Huile sur toile
61 x 81,2 cm
Cleveland, Cleveland Museum of Art

Monet peignit de fabuleuses marines sur la côte normande, le plus souvent avec des couleurs claires, non mélangées et posées en touches franches et énergiques.

La lumière bleue du Midi

Monet, avant de partir dans le Midi avec Renoir, chercha un nouveau logis. Cette fois-ci, il désirait trouver un endroit où il pourrait à la fois vivre et peindre, à la différence de Poissy qui ne lui avait procuré aucune inspiration nouvelle. En avril 1883, il loua à Giverny, à 80 kilomètres de Paris, une propriété entourée d'un grand jardin. Giverny deviendrait plus tard son port d'attache, après les voyages qu'il avait en vue.

À la fin de l'année 1883, Monet partit enfin avec Renoir pour Gênes, en passant par Marseille. Il se rendit vite compte que l'époque féconde des excursions artistiques avec son ami était révolue. Les deux artistes avaient trouvé leur style personnel et, de plus, ils s'intéressaient à des

Bordighera, 1884
Huile sur toile
64,8 x 81,3 cm
Chicago, The Art
Institute of Chicago

Impressionné par l'étrange végétation méditerranéenne, Monet ne peignit pas une vue classique de la ville, mais choisit de nouveau pour thème la toute-puissance de la nature. Le tableau est dominé par les troncs tordus des arbres dont le feuillage cache presque le motif.

Le Château de Dolceaqua, 1884
Huile sur toile
92 x 73 cm
Paris, musée
Marmottan

motifs différents, de sorte que le travail en commun les inspirait peu et n'était même pas vraiment réalisable. Par ailleurs, les deux peintres souhaitaient plus que jamais éviter de peindre les mêmes sujets pour ne rien perdre de leur originalité – et donc de leur attrait – face à la concurrence qui devenait féroce sur le marché de l'art libéralisé. Ce détail importait d'autant plus pour Monet, alors âgé de 44 ans, que depuis 1882 il n'exposait plus ni au Salon ni dans les expositions impressionnistes et que son succès dépendait donc des critiques et des collectionneurs.

Monet retourna donc seul en Italie, en janvier 1884, et s'installa à Bordighera, une petite ville de la côte, d'où il pouvait partir à l'aventure dans les villages de montagne des environs et dans la vallée de Nervia, à Dolceaqua. Monet fut tout de suite fasciné par ce paysage exotique

Les Villas à Bordighera, 1884
Huile sur toile
115 x 130 cm
Paris, musée d'Orsay

On remarque à droite la villa Garnier, construite par le célèbre architecte Charles Garnier. Monet ne s'intéressait pas à l'importance de ce lieu et, au contraire, il fit de cette architecture un élément de sa composition, destiné à renforcer l'effet produit par l'ensemble. Alors que d'autres peintres de son époque – Manet par exemple, mais surtout Degas – utilisaient souvent cette technique de composition inspirée de la photographie, on trouve rarement chez Monet des tableaux de ce genre, dont la dynamique relève principalement de ce cadrage fragmentaire.
En réalité, la composition du tableau reflète ce que suggéraient déjà les couleurs : Monet pressentait dans la lumière et le paysage méditerranéens une grande agitation qu'il essaya de dominer – en vain, selon ses propres aveux – en ayant recours à des moyens de composition inhabituels.

autant qu'étrange mais il lui fallut du temps pour s'habituer au chromatisme intense du Midi. Il découvrit des tons qui lui étaient restés tout à fait inconnus jusqu'ici : le bleu pigeon virant au violet comme couleur de base du ciel et de l'atmosphère, le rose ou l'abricot des fleurs ainsi que la mer vert émeraude enchantèrent le peintre. Ces nouvelles couleurs et ambiances, plus fugitives encore que sur la côte normande, l'acculèrent presque au désespoir. Il craignait de ne pas parvenir à saisir le caractère de ce paysage et, dans ses lettres à Alice, il ne cessait de revenir sur ses difficultés à choisir ses couleurs. Il n'arrivait pas vraiment à achever ses tableaux, même en travaillant simultanément sur six œuvres, jusqu'à l'épuisement. Il rapporta tout de même plus de quarante toiles peintes à Giverny, où il les retoucha. En 1885, il n'exposa que deux de ces toiles chez le galeriste Georges Petit.

Quatre ans plus tard, Monet effectua encore un voyage dans le Sud, à Antibes.

Monet à Giverny

Quand Monet arriva à Giverny, en 1883, son œuvre comprenait plus de huit cents tableaux, dont beaucoup de vues de son jardin ou de fleurs. Pendant un quart de siècle, il avait voyagé, à la recherche de motifs et de sensations, avant de trouver ce lieu qu'il devait agencer à son goût au cours des quarante années à venir. À Giverny, Alice et Claude créèrent lentement un foyer idyllique, dont ils s'éloignaient parfois pour de brefs voyages mais où ils avaient toujours plus de plaisir à revenir – et aujourd'hui encore, ce lieu ne cesse d'attirer des visiteurs du monde entier. À partir de cette époque, le peintre accorda de nouveau une grande importance à sa famille et il peignit, surtout entre 1885 et 1887, des paysages avec de grandes figures, en faisant poser de préférence ses filles adoptives. À la fin des années 1880, Monet ayant enfin réussi à percer, ses conditions de vie s'étaient définitivement améliorées. La deuxième exposition chez Georges Petit, qui se tint en juin 1886, eut plus de succès

Champ de coquelicots à Giverny, 1885
Huile sur toile
61 x 81 cm
Saint-Pétersbourg,
musée de l'Ermitage

Chez Monet, le processus de sédentarisation le conduisit à se familiariser avec la nature qui l'entourait. Il peignit ainsi deux versions très similaires de ce paysage.

que celle de l'année précédente et, à New York, Durand-Ruel organisa deux expositions de peinture impressionniste qui provoquèrent un enthousiasme indescriptible. Monet ne se réjouit pas vraiment de son succès aux États-Unis car il n'était pas satisfait de vendre ses œuvres aux « Yankees ». En effet, il estimait que son art était une composante de la culture française et il voulait qu'il reste indissociable de son pays. Quoi qu'il en soit, Monet n'aurait jamais connu une pareille aisance sans les revenus de ses ventes aux États-Unis.

Monsieur Monet que, l'hiver ni / L'été, sa vision ne leurre
Habite, en peignant, Giverny / Sis près de Vernon, dans l'Eure.

Stéphane Mallarmé

Suzanne peignant sa sœur, 1887
Huile sur toile
91,5 x 98 cm
Los Angeles, Los Angeles County Museum of Art

Tandis que les fils de Monet et d'Alice, partis faire leurs études, ne faisaient plus que de rares apparitions à Giverny, les filles, Marthe, Blanche, Suzanne et Germaine y vivaient toujours. Sur ce tableau, Suzanne est en train de peindre l'une de ses sœurs.

Vue de Giverny,
photographie,
vers 1930

Monet et le marché de l'art

Un véritable marchand de tableaux doit être en même temps un amateur éclairé, prêt à sacrifier au besoin son intérêt, et préférant lutter contre les spéculateurs que s'associer à leurs agissements.

Paul Durand-Ruel

Les impressionnistes bouleversèrent les relations entre le public et l'artiste en refusant d'exposer leurs œuvres au Salon – seul Monet y exposa encore en 1879 et en 1880 – et en organisant des expositions communes indépendantes, qui n'étaient pas soumises à un jury. Cela n'avait pu être possible qu'à une époque de libéralisation du marché de l'art. La bourgeoisie, dont l'ascension datait du Second Empire, joua un rôle non négligeable puisqu'elle offrait un vivier d'acheteurs potentiels et influença de ce fait le goût en matière d'art. Avec la disparition progressive du Salon contrôlé par l'État, qui fut finalement privatisé après 1880, les galeries parisiennes connurent un essor sans précédent à partir des années 1860. Les marchands de couleurs furent les premiers à soutenir les jeunes artistes refusés au Salon, parce qu'ils exposaient leurs œuvres dans leurs vitrines. C'est ainsi que l'un d'eux, Louis Latouche, compte parmi les premiers acheteurs de Monet. Du

La Galerie Goupil
photographie, 1880

reste, les artistes inconnus n'avaient que de rares occasions d'exposer, et donc de se faire remarquer par les critiques d'art, de sorte qu'ils restaient dans l'ombre. Le plus grand forum de l'art contemporain en France était l'Hôtel Drouot, même s'il n'était qu'une salle de ventes classique, puisque le seul musée national à collectionner l'art contemporain, le musée du Luxembourg, ne comptait pas deux cents tableaux en 1850. Drouot, en revanche, apporta une contribution importante, quoiqu'indirecte, à la notoriété de l'art contemporain, puisque les ventes aux enchères

proposaient parfois des collections particulières entières. Ce fut le sort de la collection d'Ernest Hoschedé, le mécène de la jeunesse de Monet, qui avait fait faillite. C'est à cette occasion que Monet, dont les œuvres représentaient un tiers de la masse mise aux enchères, fit la connaissance du médecin Georges de Bellio, de Victor Choquet, fonctionnaire aux Douanes, et de Georges Petit, le marchand, qui devinrent tous des acheteurs réguliers. À partir de 1884, Petit devait exposer fidèlement les œuvres de Monet à chacune de ses Expositions internationales. En 1888, Monet signa un contrat

Le galeriste Paul Durand-Ruel
photographie, 1895

avec Theo van Gogh – frère de Vincent –, qui dirigeait la Galerie Goupil, filiale de la maison Boussod & Valadon. C'est à lui qu'en 1889, Monet dut de vendre l'un de ses tableaux pour la somme de 10 000 Francs, une première, à Londres, alors que la cote habituelle tournait autour de 1 000 Francs. Plus encore que Petit, Durand-Ruel fut le marchand qui lança les impressionnistes ; Monet fit sa connaissance en 1870 pendant son exil à Londres. Durand-Ruel mit au point une technique de vente révolutionnaire, qui servait aussi bien ses intérêts que ceux des artistes : s'il avait confiance en un peintre, il lui achetait tous ses nouveaux tableaux, acquérant ainsi le monopole de cet œuvre qu'il présentait ensuite lors de grandes expositions en France comme à l'étranger. C'est à lui que Monet dut ses meilleures ventes, à partir des années 1880, ainsi que sa célébrité en Europe et aux États-Unis. Les tableaux de Monet devinrent de son vivant des objets de spéculation, dont le prix de vente, comme celui des titres boursiers, variait en fonction des fluctuations de la demande. Aujourd'hui, ils se situent parmi les objets les plus chers que puisse offrir le marché international de l'art. En 1998, par exemple, un tableau tel que *Le Pont sur le bassin aux nymphéas* fut vendu aux enchères pour 18 millions de livres, une œuvre de la série du *Canale Grande* pour onze millions de dollars et les *Plaisanciers à Argenteuil* pour 8,2 millions de dollars – prix auxquels il convient de rajouter une provision de 10 % à la charge de l'acheteur.

Plaisanciers à Argenteuil,
1874
Huile sur toile
61,9 x 80 cm
Collection particulière

Sous les peupliers, au soleil,
1887
Huile sur toile
74,3 x 93 cm
Stuttgart,
Staatsgalerie

En canot, 1887
Huile sur toile
98 x 131 cm
Paris, musée d'Orsay

Le charme de la tranquillité

Si Monet, à la différence de ses amis impressionnistes Renoir, Degas ou même Caillebotte, avait toujours apprécié la campagne, son installation définitive à Giverny ne signifiait pas du tout qu'il se retirait de la vie artistique parisienne ou qu'il renonçait aux voyages. Bien au contraire, dans les années 1880 et 1890, il quitta Giverny à plusieurs reprises pour des voyages à vocation artistique, parfois pour trois mois, et il entretenait une correspondance suivie avec les peintres et les écrivains les plus influents de son temps. Par ailleurs, la tranquillité qui s'était installée dans sa vie se reflétait dans son œuvre : ses tableaux, peints d'une main apaisée, expriment un grand calme. À partir de 1886, il peignit plusieurs figures sur lesquelles on voit sa belle-fille Suzanne abritée par son ombrelle dans des prés en fleurs. Il se dégage de ces tableaux une atmosphère paisible et insouciante ; avec leurs tons clairs et leur composition sobre, ils semblent répondre au besoin de beauté et d'harmonie du peintre.

Suivant cet idéal, Monet se mit également à innover dans le traitement de son motif favori : à la suite d'une phase de marines puissantes, qui semblent symboliser la lutte du peintre avec la nature, ses paysages d'eau deviennent étrangement calmes. La surface de l'eau, désormais complètement immobile le plus souvent, se transforme en une matière fascinante, à demi transparente. D'une part, elle révèle la profondeur de l'eau et la vie qui s'y abrite, d'autre part, elle reflète le monde au-dessus d'elle. Les premiers paysages d'eau peints à partir de 1887 se distinguent par cette ambiance déjà lyrique et méditative que Monet devait porter à la perfection dans ses nymphéas.

Femme à l'ombrelle (tournée vers la gauche),
1886
Huile sur toile
131 x 88 cm
Paris, musée d'Orsay

Ce tableau est le premier à montrer de nouveau une grande figure, dont le modèle est Suzanne, la belle-fille de Monet. Se démarquant de l'ancien portrait de Camille (voir p. 38), l'artiste n'a pas détaillé le visage de son modèle mais l'a gommé, comme sur d'autres grandes figures de cette époque. Monet traitait désormais ses personnages comme des paysages, dont il rendait les caractéristiques physiques de manière sommaire, sans entrer dans le détail. Grâce à cette égalité dans le traitement, le spectateur n'est pas distrait de la composition d'ensemble qui devait exprimer une fois de plus l'union de la nature et de l'être humain, et non pas la supériorité de ce dernier.

La loi des séries

Pour Monet, le sujet du tableau devient de moins en moins important car il ne se consacre plus qu'à la recherche de l'instantanéité d'une ambiance. Le plus souvent, il travaille sur plusieurs tableaux en même temps, afin de saisir les ambiances lumineuses qui se succèdent avec rapidité, peignant ainsi des séries qui illustrent les subtiles modifications de l'atmosphère. Afin de rehausser cet effet atmosphérique, Monet retouche de plus en plus souvent ses toiles dans son atelier, mesure par laquelle il dépasse en fait l'impressionnisme.

Les séries de Monet rencontrent un succès extraordinaire et il est sans conteste le premier peintre français de sa génération. Malheureusement, il commence à ressentir les premiers effets du fléau de sa vieillesse, la cataracte.

À gauche :
Quatre peupliers,
1891
Huile sur toile
81,9 x 81,5 cm
New York, The Metropolitan Museum

À droite :
Honoré Daumier,
Caricature parue dans
Le Charivari,
19 janvier 1865

– « Tu crois que j'aurai du mal à tirer un bon prix de ce tableau ? »
– « Pas si tu trouves quelqu'un qui raffole des peupliers ! »

Vol d'essai des frères Wright, 1903

Monet, vers 1905

1890 Mort de Vincent van Gogh.

1891 Fin des guerres indiennes aux États-Unis.

1894 Affaire Dreyfus (elle durera jusqu'en 1906).

1895 Première séance de cinéma à Paris par les frères Lumière. Découverte des rayons X.

1900 La France est la deuxième puissance coloniale après la Grande-Bretagne. Enrico Caruso enregistre ses premiers disques. Invention de l'ampoule à l'osmium. Exposition universelle à Paris.

1903 Mort de Pissarro. Premier vol motorisé.

1905 Les fauves, réunis autour de Matisse, font fureur à Paris. Einstein publie la *Théorie de la relativité*. À Dresde, les expressionnistes rejoignent Die Brücke, autre mouvement artistique.

1890 Achat de Giverny.

1891 Mort de Hoschedé. Exposition des *Meules*. Avec Renoir, Monet refuse la Légion d'honneur.

1892 Série des cathédrales de Rouen. Exposition de la série des peupliers à Paris.

1895 Voyage de trois mois en Norvège.

1897 Monet épouse Alice Hoschedé. Premiers nymphéas.

1899 Voyage à Londres : séries des vues de la Tamise et du Parlement.

1904 Grands succès des vues de la Tamise. Se rend en Espagne en automobile.

1905 Expositions importantes (Europe et États-Unis).

1907 Voyage à Venise ; peint plus de trente vues de la ville.

1908 Monet achève une trentaine de nymphéas. Début de ses problèmes de vue.

Les meules

Le 4 mai 1891, la galerie Durand-Ruel inaugura une exposition présentant quinze meules et sept paysages de Claude Monet. Le public fut enthousiaste, mais aussi troublé, car jamais une exposition personnelle n'avait fait preuve d'autant de sobriété dans le choix du thème. Ce n'était pas la banalité du sujet lui-même qui provoqua la surprise, car on avait déjà remarqué des meules dans les tableaux du réaliste Millet par exemple, ou dans d'autres œuvres de Monet. Or si dans ces tableaux il existait un contexte conceptuel – la meule pouvant être envisagée, comme à l'accoutumée, comme un tas de foin sur une prairie –, Monet offrit une définition radicalement nouvelle de ses meules – et par là-même, du motif pictural en général. En peignant sa série, Monet détacha le sujet « meule » de son contexte et fit de cet objet une surface neutre de

Jean-François Millet, **Les Glaneuses,** 1857
Huile sur toile
84 x 111 cm
Paris, musée d'Orsay
Meules, lumière du soir, 1884
Huile sur toile
65 x 81 cm
Moscou, musée Pouchkine

projection de la lumière et de l'effet atmosphérique. À l'aide d'un seul et même objet, dont la position reste presque toujours la même, Monet visualisa l'atmosphère colorée d'un bref laps de temps, telle qu'il la ressentait subjectivement. Il nommait « enveloppe » cette impression du ton de base atmosphérique. « Plus je vais, plus je vois qu'il faut beaucoup travailler pour arriver à rendre ce que je cherche : l'*instantanéité*, surtout l'enveloppe, la même lumière répandue partout. » Sa recherche devait le pousser à peindre de nombreuses séries au cours des années à venir.
À la galerie Durand-Ruel, tous les tableaux étaient accrochés dans une pièce, de sorte que l'on voyait clairement leurs rapports les uns avec les autres. Or, les visiteurs furent impressionnés non seulement par leur caractère de série, mais aussi par la qualité de la facture. C'est ainsi que le peintre Wassily Kandinsky devait se souvenir plus tard de la profonde impression

que fit sur lui l'une des meules de Monet, dans le cadre de l'exposition impressionniste qui fut organisée à Moscou en 1895 : « C'est le catalogue qui m'apprit qu'il s'agissait d'une meule de foin. Je ne l'aurais pas deviné… Ce qui était tout à fait clair pour moi, c'était la force insoupçonnée de la palette, qui m'avait été cachée jusque-là et qui dépassait tous mes rêves. » Cette exposition fut un grand succès. Les tableaux de Monet étaient devenus des objets de spéculation, dont la valeur marchande était en hausse constante. Les meules plurent tellement aux collectionneurs américains et japonais en particulier, que Monet dut se résoudre à les vendre à l'unité et non pas à préserver la série comme il en avait eu l'intention.

Meule sous la neige, le matin, 1891
Huile sur toile
65,4 x 92,3 cm
Boston, Museum of Fine Arts Boston

Meule sous le givre, le matin, 1891
Huile sur toile
65 x 92 cm
Edinbourgh, National Gallery of Scotland

Meule sous la neige, soleil couchant,
1891
Huile sur toile
65,3 x 100,4 cm
Chicago, The Art Institue of Chicago

Monet avait déjà peint en 1884 et 1885 des paysages avec de petites meules. Il traita désormais ce sujet dans une série de vingt-cinq tableaux qui représentent uniquement une à deux meules, en variant l'heure du jour et la saison. Les couleurs sont posées en touches plus intenses et plus fortes, ce qui donne naissance à des zones colorées épaisses et lumineuses. Pour illuminer ces zones compactes, Monet eut recours à d'innombrables petits coups de pinceau.

La cathédrale de Rouen

*La pierre elle-même vit, on la sent muante de la vie qui précède en la vie qui va suivre. [...]
Dans ses profondeurs, dans ses saillies, dans ses replis puissants ou ses arêtes vives, le flot
de l'immense marée solaire accourt de l'espace infini, se brise en vagues lumineuses, battant
la pierre de tous les feux du prisme ou apaisées en obscurités claires.*

Georges Clemenceau

Le 5 février 1892, Monet se rendit à Rouen. Il voulait exploiter sur un monument son idée de fixer l'ambiance atmosphérique d'un instant. Il posa son chevalet dans un magasin de mode, d'où il bénéficiait d'une belle vue sur la cathédrale gothique. Monet peignait pendant des laps de temps très brefs et changeait de toile presque toutes les demi-heures, afin de saisir les nuances colorées les plus subtiles. Il établit de la sorte une chronologie qui laisserait penser, surtout si l'on compare les tableaux, qu'il cherchait avant tout à rendre fidèlement le temps qui passe. En réalité, il recherchait plutôt l'inverse : le peintre désirait avant tout fixer tous les effets atmosphériques possibles de la lumière et de la couleur, et noter les

conséquences des moindres nuances de l'éclairage sur l'impression globale subjective. (Remarquons en passant que la clientèle féminine du magasin s'étant offusquée de la présence d'un homme, la plupart des vingt-huit cathédrales de Monet furent peintes en matinée.) Ce motif de la cathédrale est révélateur du problème qui se trouve au cœur de la tentative du peintre de fixer une impression fugitive afin qu'elle soit comparable à une autre impression semblable : la peinture en détail de la façade richement ornée, ainsi que le format choisi impliquaient un temps de travail qui dépassait largement l'instant décrit. Ces œuvres ne doivent donc pas être considérées comme des reproductions authentiques ou du moins comme la restitution spontanée d'une ambiance, puisqu'elles sont comme toutes les œuvres d'art (à l'exception de la photographie) des créations synthétiques issues de la volonté de l'artiste. En ce sens, la boutade de Cézanne : « Monet, ce n'est qu'un œil, mais quel œil ! », n'est qu'à moitié vraie. Certes, Monet étudiait l'impression visuelle et ne cherchait le plus souvent pas à représenter autre chose, mais le processus artistique n'en reste pas moins un processus intellectuel et la création d'une harmonie colorée, dans une certaine mesure, un acte complémentaire.

La Cathédrale de Rouen. Le Portail, 1894
Toutes : huile sur toile
100 x 65 cm

De gauche à droite :
À l'aube,
Essen, Museum Folkwang

Soleil matinal,
Paris, musée d'Orsay

L'Après-midi,
Paris, musée Marmottan

Fin d'après-midi,
Paris, collection Larock Granoff

Le bras de Seine à Giverny

Monet, après avoir fait un long voyage en Norvège en 1895, entreprit en 1896 de petites excursions sur la Seine près de Giverny. Toute sa vie, Monet fut fasciné par le motif qu'offrait l'eau ; il était toujours à l'affût de son caractère changeant, mais distinguait deux types d'eau : sur ses marines, la mer souvent démontée affiche son caractère dominateur, tandis que l'eau douce semble toujours calme sur ses tableaux. Sur ses marines, l'eau acquiert donc une valeur en tant qu'élément structurant tandis que sur les vues de fleuves et d'étangs, Monet recherchait avant tout une surface réfléchissant la lumière, la couleur et le paysage.

Le peintre trouva les conditions idéales pour étudier les ambiances lumineuses tout au long de la jour-

née dans ce tranquille bras de la Seine près de Giverny, aux rives couvertes d'une végétation luxuriante. De son bateau atelier, il se remit à peindre plusieurs toiles en même temps, toujours au petit matin, quand les arbres et les buissons sont encore enveloppés dans le brouillard. Sur ces tableaux, les formes disparaissent presque totalement, le monde émergé se fond sans transition dans sa propre image, son reflet à la surface de l'eau. Monet réalisa de la sorte des formations colorées harmonieuses offrant de subtils dégradés, qui ne s'écartent de l'abstraction pure et simple que par l'indication des contours et d'une ligne d'horizon. Ces tableaux n'en sont pas moins « lisibles » et témoignent de la capacité remarquable qu'avait Monet pour créer une profondeur et décrire avec précision des plans aux reflets complexes en simplifiant la composition à l'extrême.

Bras de Seine à Giverny,
1896
Huile sur toile
73 x 92 cm
Boston, Museum of Fine Arts

À la différence des séries précédentes, Monet ne devait cesser de se livrer à des variations sur le motif du bras de Seine. Si les premiers tableaux étaient encore à peu près figuratifs, les contours et les formes finirent par disparaître, noyés dans la composition purement colorée.

Le Bateau atelier,
1876
Huile sur toile
72 x 59,8 cm
Merion, The Barnes Foundation

Bras de Seine à Giverny. Brouillard.
1897
Huile sur toile
89 x 92 cm
Paris, musée
Marmottan

Cette série offre une transition entre les premières séries et celles de la dernière phase : si les tableaux des premières séries, pris individuellement, étaient dépourvus de tout message, ils peuvent maintenant exister en tant qu'entités autonomes tout en nous renseignant sur la série dans son ensemble.

Depuis un certain temps, Monet retouchait ses tableaux de plus en plus souvent et intensément dans son atelier de Giverny, afin de mieux harmoniser les tableaux d'une même série. Par ailleurs, il étudiait, en vue de le corriger, l'effet des couleurs d'une œuvre dans des conditions d'éclairage identiques à celles auxquelles l'œuvre serait soumise par la suite, dans une galerie, un musée ou un intérieur. Si cette précaution ne pouvait que favoriser l'effet d'ensemble des tableaux, elle n'en constituait pas moins une rupture formelle, significative quant à l'évolution de Monet, mais aussi de l'art impressionniste dans son ensemble. La restitution spontanée de l'instant, le traitement direct de l'impression par l'artiste, qui revêtait une telle importance auparavant, avait dû céder la place à la manipulation consciente et au minutieux travail d'atelier.

Londres

Depuis son premier séjour à Londres en 1870-1871, Monet était revenu plusieurs fois dans la capitale anglaise, mais ces voyages n'avaient pas laissé de véritables traces dans ses travaux. L'inspiration décisive ne lui vint qu'à l'automne 1899. Il s'installa avec sa femme Alice dans une chambre du Savoy d'où il avait une vue fabuleuse sur la Tamise ; au nord, le pont de Charing Cross, au sud, le pont de Waterloo, derrière lequel s'élevait le Parlement. Monet se mit à peindre simultanément trois séries, une pour chacun des ponts sur la Tamise, et une pour le Parlement. Malheureusement, le mauvais temps le força à

interrompre son travail et à rentrer en France. Monet reprit le travail sur ces séries au cours de deux autres séjours à Londres, en 1900 et en 1901, et les acheva en 1904, dans son atelier de Giverny.

Monet avait peint quatre-vingt-cinq tableaux de Londres, et Durand-Ruel en exposa trente-cinq, qui remportèrent un succès commercial tel que Monet n'en avait encore jamais connu. Des collectionneurs américains, anglais, mais aussi de plus en plus souvent français, achetaient ses tableaux au prix fort et plus le peintre se consacrait à la production de séries de tableaux, moins le public semblait

Le Pont de Waterloo. Brouillard.
1901-1903
Huile sur toile
65,3 x 101 cm
Saint-Pétersbourg, musée de l'Ermitage

Monet ne choisit pas ici pour thème la vie en métropole, mais, comme à Rouen, l'aspect atmosphérique de l'architecture. Le pont n'est plus qu'une apparition colorée, indiquée par quelques éléments de construction.

Le Parlement. Effet de soleil dans le brouillard, 1904
Huile sur toile
81 x 92 cm
Paris, musée d'Orsay

À Londres, les journées de Monet étaient bien organisées : le matin, il peignait les ponts sur la Tamise de la fenêtre de son hôtel et, en fin d'après-midi, il se rendait au Saint Thomas' Hospital, dont la terrasse lui offrait une vue superbe du Parlement baigné dans le coucher de soleil. Ici, Monet créa, contre ses habitudes, un effet presque pathétique par le jeu spécial de l'effet lumineux et du motif : les contrastes violents, entre couleur et luminosité, semblent chargés de symboles.

J. M. W. Turner, **L'Incendie du Parlement** (détail), vers 1835
Huile sur toile
92 x 123 cm
Philadelphie, Philadelphia Museum of Art

Même si Monet devait contester toute influence directe de Turner, les séries londoniennes présentent des points communs avec le luminisme du maître anglais.

accorder d'importance au sujet. On n'achetait plus un tableau précis, mais « un Monet ».

Face au succès de son œuvre, Monet ne se laissa pas tenter par la production de masse. Il s'était fixé de sévères critères de qualité et hésitait de plus en plus longtemps à considérer ses tableaux comme achevés et à les présenter au public.

Venise

En septembre 1908, Claude et Alice partirent en voyage à Venise pour deux mois. Ils s'installèrent tout d'abord au Palazzo Barbaro, puis au Grand Hôtel Britannia, sur la rive nord du Canale Grande. Monet, au cours de ses promenades dans la ville, était toujours à la recherche d'emplacements de choix pour son chevalet car, tout comme à Londres, il voulait travailler sur plusieurs tableaux en même temps. Il sélectionna huit vues différentes, dont le Palais des Doges, qu'il peignit de la terrasse de San Giorgio, et le Canale Grande, qui offrait d'intéressants reflets sur l'eau. Monet ne cherchait pas vraiment à rendre en détail les somptueux palais, ce qu'avaient fait avant lui tant de peintres de Venise, adeptes du védutisme ; il préférait en montrer des fragments, pour mieux mettre en valeur ce qui en réalité l'intéressait, c'est-à-dire le contraste entre la pierre et l'eau, entre la matière solide et la substance éthérée. Les séries vénitiennes de Monet montrent une ville quasiment abstraite, aux palais enveloppés de voiles colorés : même si les tableaux restent figuratifs, ils ne présentent pas en premier lieu des objets reconnaissables, mais, comme les œuvres de Londres, des harmonies colorées où l'abstraction domine. La même intensité lumineuse caractérise tous les éléments du tableau, ce qui a pour effet de supprimer toute profondeur : l'effet pictural produit est plat. Monet travaillait deux heures d'affilée sur un motif avant de passer au suivant, si le temps et ses yeux affai-

Le Canale Grande, 1908
Huile sur toile
73 x 92 cm
San Francisco, Palace of the Legion of Honor

C'est là sans doute la série vénitienne la plus systématique. Monet utilisait des toiles de formats presque identiques et choisissait toujours le même cadrage, avec ces pieux auxquels on attache les gondoles.

Ci-dessous :
Le Palazzo da Mulda, 1908
Huile sur toile
62 x 81 cm
Washington, National Gallery of Art

Une harmonie colorée équilibrée, toute en surface, dont le motif est insignifiant.

San Giorgio Maggiore, 1908
Huile sur toile
60 x 80 cm
Cardiff, National Museum of Wales

Ironie du motif choisi : en raison de la topographie et des conditions climatiques à Venise, cette impression diluée dans des couleurs pures est presque une reproduction naturaliste.

Claude et Alice sur la place Saint-Marc, photographe inconnu, 1908

blis le lui permettaient. Il attendit 1912 pour exposer vingt-neuf tableaux de ses séries sur Venise, car Alice ayant contracté une leucémie, il abandonna quelque temps la peinture pour mieux s'occuper d'elle. Sa compagne de tant d'années ne devait pas se relever de la maladie, et mourut le 19 mai 1911. Cette perte plongea Monet dans une profonde dépression au cours de laquelle il travailla fort peu, songeant parfois même à abandonner complètement son art. Il devait confier à Blanche, sa belle-fille, que la peinture le dégoûtait et qu'il ne toucherait plus jamais à un pinceau ni à un tube de peinture.

Les Nymphéas

Après avoir acheté la propriété de Giverny, Monet se mit à redessiner le jardin. Le peintre trouva de nombreux thèmes d'inspiration dans ces plantes disposées avec art et son nouveau bassin de nymphéas. Les plantes aquatiques aux merveilleux coloris, dont certaines étaient fort rares, devinrent bientôt son motif favori.

Quand Alice mourut en mai 1911, Monet plongea dans une grave crise qui affecta sa vitalité aussi bien que sa créativité. Monet finit par surmonter ce coup du sort grâce à la sollicitude de son ami de longue date, Georges Clemenceau, qui devait devenir président du Conseil. Clemenceau l'encouragea à réaliser l'un de ses grands désirs : peu de temps avant la Première Guerre mondiale, Monet commence les Grandes Décorations, d'immenses tableaux représentant des nymphéas, qui seront installés dans des salles destinées au public et offertes à la méditation. Monet, souffrant des yeux mais aussi de surmenage, ne verra pas l'aboutissement de son projet qui sera présenté à l'Orangerie des Tuileries en mai 1927.

Arrestation de l'assassin de Sarajevo

Monet, en 1924

1912 Naufrage du Titanic. Kandinsky peint des improvisations abstraites.

1913 Un groupe d'artistes allemands fonde Der blaue Reiter. Malevitch peint son *Carré noir*.

1914 La Première Guerre mondiale est déclenchée par l'assassinat de l'archiduc autrichien François-Ferdinand à Sarajevo.

1917 En Russie, la Révolution d'octobre provoque la chute du tsarisme. Mort de Rodin.

Monet dans la partie septentrionale de son jardin, à Giverny, photographie, vers 1925

Page ci-contre :
Nymphéas : Matin (partie gauche), 1916-1926 Huile sur toile 200 x 212,5 cm Paris, musée de l'Orangerie

1911 Mort d'Alice. Monet en est profondément affecté.

1912 Expositions à Paris, Vienne, Francfort et Boston.

1913 Voyage en Suisse avec son fils Michel. Les Gobelins réalisent trois tapisseries d'après les *Nymphéas*.

1914 Mort de Jean. Monet commence à peindre les Grandes Décorations, sur le thème des Nymphéas.

1915 Le peintre se fait construire un nouvel atelier pour les Grandes Décorations.

1918 Ses problèmes de vue s'aggravent. Il achève huit Grandes Décorations.

1922 Mort de Paul Durand-Ruel.

1923 Monet se fait opérer de la cataracte.

1926 Monet s'éteint le 5 décembre à Giverny, à l'âge de 86 ans.

L'aménagement du jardin

Monet eut l'occasion d'acheter la propriété de Giverny fin 1890, alors qu'il y vivait depuis sept ans. Le jardinage était devenu sa deuxième passion, après la peinture, et il n'hésita pas longtemps avant de se lancer dans le réaménagement du jardin. On reconnaît encore de nos jours l'œil exercé du peintre à la disposition des plantations : les fleurs et les buissons furent plantés à distance les uns des autres, en fonction d'harmonies complémentaires de couleurs, de sorte que, vus de loin, ils produisent une masse de points colorés brillants, tissant un véritable tapis de fleurs, et rappellent la technique impressionniste de Monet.

En 1893, il acquit un autre terrain au sud de sa propriété, qui se situait entre le chemin de fer et une petite rivière, le Ru. Monet y créa un bassin de nénu-

Le Jardin de Monet à Giverny, 1902
Huile sur toile
89 x 92 cm
Vienne,
Österreichische Galerie

phars qu'il fit franchir par un pont en bois dans la plus pure tradition japonaise. Il avait conçu ainsi un paysage japonisant, pendant de son jardin de fleurs bien européen. Un agrandissement en 1901, ainsi que la modification du cours du Ru donnèrent son aspect actuel au jardin d'eau, qui couvrait désormais 1 000 m² : au sud du bassin entouré de saules se trouvait une petite île artificielle plantée de bambous, de cerisiers et de gingko biloba. Monet se mit à peindre son jardin d'eau en 1895. Ce motif pictural, sans cesse renouvelé par de nouvelles plantations et par l'abondance de la végétation, lui inspira de multiples vues et des séries, soit un ensemble de plus de deux cent cinquante tableaux, par lesquels ce jardin s'intègre dans son œuvre comme une œuvre d'art totale.

Le Bassin aux nymphéas,
1899
Huile sur toile
89 x 92 cm
Moscou, musée
Pouchkine

À partir de juillet 1899, Monet peignit des vues du pont japonais qu'il avait fait construire en raison de sa passion pour la culture japonaise. (Ce goût est attesté par ailleurs par les nombreuses estampes japonaises qui ornaient sa maison de Giverny.) Sur ce tableau, Monet plaça le pont un peu plus haut que sur la plupart des douze autres tableaux de la série. Le regard est ainsi davantage attiré par la surface de l'eau, qui devait bientôt devenir un thème obsessionnel pour l'artiste. Pendant un temps, il peignit encore la luxuriante végétation des berges de son bassin, comme s'il avait voulu d'abord montrer cette partie de la nature que par la suite il ne devait plus représenter que sous l'apparence d'un reflet à la surface de l'eau. Les nymphéas forment un tapis sur l'eau. En maître de la perspective, Monet emmène les plantes ellipsoïdales dans la profondeur du champ visuel.

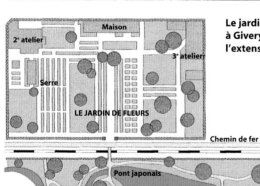

Le jardin de Monet à Givery après l'extension

Page ci-contre :
Monet devant sa maison à Giverny,
photographie, vers 1920

La passion des nymphéas

Ces paysages d'eau et de reflets sont devenus une obsession. C'est au-delà de mes forces de vieillard, et je veux cependant arriver à rendre ce que je ressens. J'en ai détruit. J'en recommence. [...] Et j'espère que de tant d'efforts, il en sortira quelque chose.

Claude Monet

Nymphéas, 1907
Huile sur toile
100 x 73 cm
Paris, musée Marmottan

Des premiers tableaux de nymphéas que Monet peignit à partir de 1897 jusqu'au renouveau qui eut lieu en 1914, son assiduité au travail fut sans cesse menacée par des voyages et des épreuves personnelles. Pourtant, dès la série peinte en 1897, il intègre des éléments novateurs qui seront repris et développés par des artistes des générations suivantes. Il supprime lentement de ses tableaux la ligne d'horizon, par exemple, que l'on voyait encore sur les vues de la Seine ; il ne reste plus que la surface de l'eau dans laquelle se reflètent les nuages et sur laquelle reposent les nymphéas. Il ôte ainsi toute stabilité à son tableau et le spectateur peut laisser son regard errer en toute liberté, sans directive, sans perspective ni ligne directrice, afin de « sonder » l'œuvre. De ce fait, la zone claire du ciel se retrouve dans la partie inférieure du tableau tandis que la zone plus foncée et plus chargée d'un point de vue optique de la végétation de la rive s'insère dans la partie supérieure – Monet bouleverse tout simplement l'équilibre habituel du tableau. Il n'est plus possible de distinguer l'imaginaire du réel, d'autant plus que le peintre, à partir de 1905, réduit le champ visuel de sorte qu'il renonce aussi à représenter le rivage. Le monde réel n'apparaît plus que sous l'aspect de nymphéas, le plus souvent indiqués par des taches ou des hachures, et leurs feuilles ellipsoïdales qui, à partir de 1914, deviennent des taches colorées aux contours ronds et vifs. Les Grandes Décorations, auxquelles Monet devait travailler de 1914 jusqu'à sa mort, constituent le point culminant de cette évolution d'une vision passant du réel à l'irréel au moyen du paysage, devenu l'image d'un monde qui

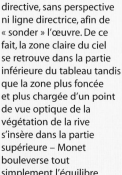

Nymphéas, 1907
Huile sur toile
90 x 105 cm
Rome, Galleria d'Arte moderna

s'écoule et qui se reflète. Le peintre créa ici un espace subjectif, plongé comme dans un rêve, aux tonalités doucement dégradées, comme « filtrées », dont le spectateur peut ressentir l'intimité et la solitude, puisque la distance par rapport au motif pictural étant supprimée, il se trouve immergé dans ce paysage d'eau. En effet, les immenses nymphéas peints sur des toiles faisant jusqu'à huit mètres de large, furent installés dans les salles ovales de l'Orangerie, près du Louvre, après la mort de Monet. Le spectateur ne se trouve plus seulement devant un tableau, mais au milieu de l'installation, et il est entouré par cette « enveloppe » atmosphérique que Monet avait tenté de rendre avec tant d'acharnement dans sa série des meules.

Le Bassin aux nymphéas. Reflets verts,
vers 1920
Huile sur toile
200 x 425 cm
Zurich, Stiftung Sammlung E. G. Bührle

Le bassin aux nymphéas,
photographie, vers 1921

Pages 84-85 :
Soleil couchant
(détail), 1920-1926
Huile sur toile
200 x 600 cm
Paris, musée de
l'Orangerie
(première salle)

Pages 86-87 :
Le Matin aux saules
(détail), 1920-1926
Huile sur toile
200 x 4250 cm
Paris, musée de
l'Orangerie
(deuxième salle)

**Monet dans son
atelier,**
photographie,
vers 1920

des hommes tombaient sur les champs de bataille. Monet décida donc de participer aux événements à sa manière, et de faire don de la série à l'État français pour célébrer la fin de la guerre. Il n'en eut pas l'occasion : jusqu'à sa mort, le 5 décembre 1926, il travailla comme un forcené à ses vingt-deux tableaux, alors qu'il était presque aveugle, mais sans pouvoir se résoudre à se séparer ne serait-ce que de l'une de ses œuvres.

Le 17 mai 1927, l'héritage de Monet, les Grandes Décorations aux nymphéas, fut présenté dans les salles spécialement aménagées de l'Orangerie des Tuileries, près du Louvre et de la Seine, au cœur de Paris.

Les Grandes Décorations

À la mort d'Alice, en mai 1911, Monet sombra dans une profonde dépression, qui affecta autant l'homme que l'artiste, et qui s'aggrava lorsque son fils aîné, Jean, mourut en février 1914. Georges Clemenceau, son ami de longue date, finit par lui redonner goût à son projet des Grandes Décorations. Monet avait eu l'idée de peindre d'immenses tableaux de nymphéas, faisant jusqu'à huit mètres de large, qui seraient installés dans une salle où le public pourrait venir méditer en toute tranquillité. Il se mit au travail en juin 1914, juste avant le début de la Première Guerre mondiale. Il fut assez vite tourmenté par ses scrupules à peindre des nénuphars tandis que

Les Nymphéas à l'Orangerie, Paris, photographie, 1930

Les nymphéas de Monet furent installés dans les salles ovales et dépourvues de fenêtres de l'Orangerie des Tuileries. En se fondant dans un lieu destiné à la méditation, de simples décorations, elles devinrent des œuvres d'art que l'on ne peut percevoir sans émotion.

Nymphéas : Matin (partie gauche) (détail), 1916-1926 Huile sur toile 200 x 212,5 cm Paris, musée de l'Orangerie (première salle)

Dans la philosophie japonaise, un bassin de nymphéas symbolise le reflet de l'âme humaine. Si certains critiques ne virent dans les nymphéas de Monet qu'une décoration superficielle, ces fleurs n'en montrent pas moins la « nature intérieure » du peintre, qui se trouve à l'unisson avec sa « nature extérieure ».

Monet et ses successeurs

Monet fut considéré, jusqu'après la Seconde Guerre mondiale, comme un artiste qui, ayant tenté de fixer l'impression d'un instant sur son tableau, avait atteint ses limites et n'avait finalement plus peint que des nymphéas, décorations plates, voire prosaïques. On célébrait en lui le maître de l'impressionnisme, mais sans lui reconnaître le titre de maître de l'art moderne. Une sorte de réhabilitation, véritable *Monet Revival*, eut lieu vers 1945, à l'initiative des jeunes tenants de l'expressionnisme abstrait aux États-Unis.

Dès 1896, la série des meules peinte par Monet constituait un premier pas dans cette direction, qui devait marquer le style tardif de Monet et influencer tant d'artistes après lui : l'abandon du motif au profit de l'autonomie de la couleur. Cette évolution devait se

Nymphéas,
vers 1918
Huile sur toile
100 x 300 cm
Paris, musée
Marmottan

Wassily Kandinsky,
**Impression III
(Le Concert),**
1911
Huile sur toile
78,5 x 100,5 cm
Munich,
Lehnbachhaus

poursuivre au début du XIXe siècle avec les postimpressionnistes et les symbolistes, mais surtout avec les fauves, Matisse et Derain entre autres, jusqu'à ce que les premiers peintres abstraits – comme Kandinsky et Malevitch – mettent la couleur au premier plan et la délivrent de ses liens avec la forme. L'étude systématique et scientifique de l'œuvre tardif de Monet n'eut pas pour cadre Paris, où les *Nymphéas* semblaient dormir à l'Orangerie, mais à New York, en 1946, où des artistes tels que Clyfford Still et Jackson Pollock présentèrent leurs œuvres aujourd'hui « classiques ». Les études consécutives sur l'influence de Monet sur l'art américain de l'après-guerre déclenchèrent une pléthore d'expositions de *Nymphéas* hors de France. À Paris, Monet fut pleinement réhabilité en 1956-1957 grâce aux expositions de la galeriste Katia Granoff. Monet, avec Cézanne et Van Gogh, est aujourd'hui considéré comme le père

Jackson Pollock, **Gothic,** 1944 Huile sur toile 215,5 x 142,1cm New York, The Museum of Modern Art

Vers 1945, l'américain Jackson Pollock se mit à peindre des tableaux qui rappelaient les nymphéas de Monet des années 1920. Avec un couteau, Pollock appliquait les couleurs telles qu'elles sortaient du tube sur sa toile, formant des taches, des points et des lignes ondulées sur une épaisseur égale. Il créait ainsi un réseau rythmique dans lequel se noyaient les formes.

de la peinture moderne, dont l'art constitue un pont entre l'avant-garde du XIXe siècle et les mouvements artistiques de l'après-guerre.

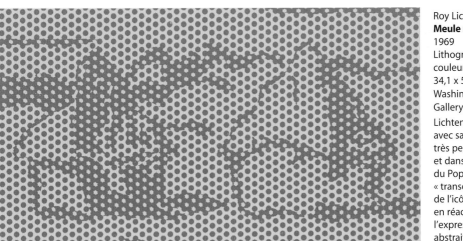

Roy Lichtenstein, **Meule n° 6, Version 3,** 1969 Lithographie en couleur sur papier 34,1 x 59,7 cm Washington, National Gallery of Art

Lichtenstein réalisa avec sa technique très personnelle et dans le style du Pop-Art cette « transcription » de l'icône de Monet en réaction à l'expressionnisme abstrait.

Glossaire

Abstraction Renoncement à une reproduction figurative et naturaliste qui va jusqu'au refus de toute représentation matérielle. Monet eut recours à l'abstraction dans ses séries à partir de 1889, en ce sens qu'il recherchait l'ambiance lumineuse qui enveloppe le motif jusqu'à le faire disparaître.

Aquarelle Peinture à la détrempe avec des couleurs solubles dans l'eau et transparentes, qui sèchent sans se recouvrir et permettent d'obtenir des tons légers et délicats.

Caricature (de l'italien *caricare* : charger) Portrait d'une personne (le plus souvent connue du public) dont les traits sont accentués dans un but satirique ou humoristique. Grâce aux progrès de l'impression, et à son faible coût, la caricature devint au XIXᵉ siècle un type d'illustration très en vogue dans la presse. Monet finança ses études à Paris grâce à ses caricatures.

Composition Structure, agencement d'un tableau d'après des principes déterminés. Ces principes sont entre autres le rapport entre couleur et forme, la symétrie et l'asymétrie, le mouvement, le rythme, etc. La composition est également fonction de la disposition des différents plans dans l'espace, c'est-à-dire de la manière dont est établie la relation entre premier, deuxième et troisième plan.

Contour Le contour d'une forme peut être marqué par une ligne ou obtenu par contraste.

Couleurs complémentaires Couleurs qui s'opposent sur le cercle ou le triangle chromatique (bleu-orange, rouge-vert, jaune-violet). Si on les place les unes à côté des autres, l'effet lumineux de ces couleurs s'en trouve accru, du fait du contraste qui en résulte.

École de Barbizon Groupe d'artistes français (dont Théodore Rousseau, Charles François Daubigny et Jean-François Millet) qui passent pour avoir été les premiers à s'être adonnés à la peinture en plein air, à partir de 1840. Les jeunes impressionnistes prirent cette école pour modèle et allèrent peindre dans la forêt de Fontainebleau, près de Barbizon.

Écriture Caractéristiques personnelles d'un artiste dans l'exécution d'une œuvre, qui se manifestent notamment dans sa technique (coup de pinceau, manière d'apposer les couleurs, tracé des traits).

Empâtement Technique consistant à peindre en épaisseur (au couteau ou par touches épaisses) de manière à obtenir un effet plastique avec la couleur.

Enveloppe Terme qu'utilisait Monet pour désigner les effets atmosphériques, spatiaux et temporels qui marquent l'impression subjective produite par l'instant.

Étude Dessin préparatoire pour une peinture ou une sculpture. L'étude, qui peut faire appel à toutes sortes de techniques, va du croquis rapide fixant l'attitude d'un personnage ou d'autres éléments de la composition jusqu'au dessin détaillé dont la composition fait une véritable œuvre d'art.

Expressionnisme abstrait Sous ce terme sont regroupés plusieurs mouvements de peinture abstraite qui se situent entre 1940 et 1960. La couleur, la forme et la technique picturale sont les seuls vecteurs d'expression et de signification.

Impressionnisme Mouvement artistique qui fit son apparition en France vers 1870. L'objet devait être rendu dans sa dépendance par rapport à la lumière de l'instant. L'impression se caractérise par une facture libre, des coloris clairs et des cadrages qui semblent souvent le fruit du hasard. Les paysages et les scènes de la vie citadine constituaient les motifs favoris des impressionnistes. Ce style doit son nom au tableau de Claude Monet *Impression, soleil levant*, qui fut présenté au public en 1874, lors de la première exposition indépendante de groupe. À cette occasion, un critique chercha à ridiculiser ces peintres, entre autres Manet, Cézanne et Renoir, en les qualifiant d'« impressionnistes ».

Luminisme Recherche, dans le domaine pictural, des effets de lumière.

Motif Thème principal d'une œuvre d'art. Vers la fin de sa vie, Monet ne peignit plus qu'un seul motif, les nymphéas.

Mythologie Ensemble de légendes sur les dieux et les héros ; depuis l'antiquité, les artistes s'inspiraient volontiers de la mythologie. Redécouverte à la Renaissance, la mythologie devint une source importante de thèmes pour les peintres européens. Les impressionnistes se libérèrent de ces allusions historiques ou littéraires et peignirent la nature ou tout autre motif tel qu'ils le voyaient devant eux.

Naturalisme Style qui s'est développé au cours de la seconde moitié du XIXᵉ siècle et tend à une représentation réaliste de la nature. Insiste sur l'aspect qui relève de la nature.

Nature morte Genre qui, en peinture, consiste à représenter des objets sans vie, fruits, tableaux de chasse, fleurs ou objets quotidiens. Monet peignit quelques natures mortes, œuvres de commande, qui à ses débuts se trouvaient être nettement plus lucratives que les paysages.

Œuvre (nom masculin) Ensemble des œuvres d'un artiste. Monet, en plus de soixante ans, peignit environ deux mille tableaux, dont trois cents Nymphéas.

Palette Planche souvent ovale ou en forme de rognon sur laquelle le peintre mélange ses couleurs. Au sens figuré : ensemble des couleurs utilisées par un peintre ; gamme chromatique.

Paysage Peinture du paysage tel quel. Si, à ses débuts, la peinture de paysage ne servait qu'à meubler le fond d'un tableau, le paysage devint un genre à part entière vers la fin du XVIe siècle. Le paysage dit « idéal » apparut au XVIIe siècle, avec Claude Lorrain, ainsi que les paysage héroïques, chez Nicolas Poussin notamment, où l'allégorie prend une grande place. L'apogée du paysage correspond au baroque hollandais. Le paysage est bouleversé au XIXe siècle par la pratique de la peinture en plein air.

Paysage intime Style de paysage simple, mais plein d'atmosphère. Les peintres de l'école de Barbizon pratiquaient le paysage intime.

Peinture à l'huile Technique qui fait appel à des couleurs (pigments en poudre) délayées à l'huile. La peinture à l'huile est lisse, sèche lentement et se mélange facilement. Apparue au XVe siècle, c'est désormais la technique majoritaire en peinture. Les tubes transportables de peinture à l'huile firent leur apparition sur le marché vers 1840, ce qui facilita la peinture en plein air. Vers la même époque débuta la production de pigments synthétiques qui, bien qu'étant plus lumineux et moins chers que les pigments traditionnels, avaient une moins bonne tenue à la lumière, du moins à leurs débuts. Comme les impressionnistes préféraient des couleurs de bonne tenue (contrairement à Vincent van Gogh), ils étaient très attentifs au choix de nouvelles couleurs.

Peinture d'atelier La peinture d'atelier se distingue de la peinture en plein air puisque le peintre effectue son travail à l'atelier (d'après des esquisses ou des modèles) et non sur le motif ou dans la nature. Ce terme n'apparut qu'au XIXe siècle, par opposition à la peinture en plein air. Auparavant, il était superflu de distinguer entre les deux techniques, puisque toute peinture était effectuée en atelier.

Peinture de plein air Peinture exécutée dans la nature, par opposition à la peinture d'atelier. La peinture de plein air acquit ses lettres de noblesse vers 1800, grâce aux peintres anglais Joseph Mallord William Turner et John Constable. Elle fut pratiquée tout d'abord par l'école de Barbizon, puis surtout par les impressionnistes. Si, à leurs débuts, Monet et les impressionnistes terminaient leurs tableaux devant le motif, ils se mirent par la suite à les retravailler à l'atelier, voire à les modifier de fond en comble.

Perspective (du latin *perspicere* : apercevoir) Art de représenter les objets, les personnes ou l'espace sur une surface plane qui apparaît en profondeur grâce aux techniques picturales mises en œuvre. La perspective fut découverte à la Renaissance, grâce aux sciences naturelles, et appliquée à la peinture. Dans la perspective centrale, les lignes parallèles qui se dirigent vers le fond du tableau se retrouvent en un point de fuite (perspective linéaire). Les objets et les personnes rapetissent, proportionnellement à leur éloignement, en fonction d'une grille produite par les lignes de fuite. Il est également possible d'obtenir un effet de profondeur dans un tableau grâce à la perspective aérienne ou chromatique, les couleurs des objets perdant de leur intensité avec l'éloignement, pour devenir bleutées. Monet ne cherchait pas à reproduire une construction perspective précise, puisque son but n'était pas de peindre des images naturalistes. C'est pourquoi on lui reprocha souvent la platitude de ses tableaux.

Point de fuite Voir Perspective

Portrait Représentation du visage humain par la peinture. On distingue l'autoportrait, le portrait individuel, le double portrait et le portrait de groupe.

Réalisme Au sens large, représentation scrupuleuse du motif. Nom d'un style qui s'est développé au cours de la deuxième moitié du XIXe siècle et reposait sur l'observation de la vie quotidienne et du monde du travail. Le jeune Monet se rattacha à l'école réaliste française dominée par Gustave Courbet dans les années 1860, du temps de ses promenades dans la forêt de Fontainebleau.

Réplique Répétition d'une œuvre d'art par l'auteur (ou le même atelier). Monet effectua deux répliques, l'une de *Camille ou la Robe verte* (1866) et l'autre des *Villas à Bordighera* (1884).

Romantisme Mouvement artistique du début du XIXe siècle. Le sentiment occupe une place prépondérante. Les tableaux de cette époque se distinguent par des paysages pleins d'atmosphère, ainsi que des allusions aux légendes du Moyen Âge ou à l'histoire.

Salon Exposition d'art contemporain qui avait lieu chaque année ou presque à Paris au XIXe siècle, et dont le nom vient de l'exposition organisée dans le Salon Carré sous Louis XIV. L'admission au Salon dépendait du vote d'un jury conservateur.

Sujet Idée exprimée et approfondie par une œuvre d'art et qui détermine ce qui est représenté.

Tableau d'histoire Peinture d'événements historiques ou mythologiques, religieux ou bibliques, dont le sujet peut être proche de la réalité ou idéalisé. Jusqu'à la fin du XIXe siècle, la peinture d'histoire passait pour le genre supérieur, suivi du portrait, puis des genres dits inférieurs : paysage, peinture de genre et nature morte.

Védutisme Genre pictural originaire de Venise, axé sur l'art du paysage ou de la vue d'une ville.

Index

Crédits photographiques

L'éditeur remercie pour leur aimable collaboration à la réalisation de cet ouvrage les musées, archives et photographes qui lui ont permis de reproduire les œuvres.

© Archiv für Kunst und Geschichte, Berlin : 4 b.d., 7 h.g., 13 h.d./h.g., 23 b., 25 h.g., 35 b., 36, 40 h., 42 b., 44 d./g., 45, 48 h., 50 b., 52 b., 55 h.d./h.g., 64 h., 66, 67 h.g., 71 d./g., 72 b., 74, 76 b., 79 h.g., 82 h., 90 b., 91 h.; (Photos : Erich Lessing) 16 b., 20 h., 26 b., 27 g., 33 h., 40 b., 41 b., 46 h., 47, 59, 68 h., 70 g., 84/85, 86/87

© 2005 The Art Institute of Chicago. Tous droits réservés : 4 h.g. (Don de Carter H. Harrison, 1933.893), 6 (Don de Carter H. Harrison, 1933.893), 10 (Don de Mr. and Mrs. Carter H. Harrison, 1933.891), 30 b. (Mr. and Mrs. Potter Palmer Collection, 1922, 427), 58 h. (Potter Palmer Collection, 1922.426), 69 b. (Mr. and Mrs. Potter Palmer Collection, 1922.431)

© Artothek, Weilheim : 21 h.d. (Photo : Joachim Blauel), 27 d., 29 h., 37 b. (Photo : Christie's), 48 b. (Photo : Joseph S. Martin), 75 b. (Photo : G. Westermann); (Photos : Peter Willi) 56 h., 70 d.

© Bibliothèque nationale de France, Paris : 42 h.

© The Bridgeman Art Library, Londres : 15, 16 h., 17 h./b., 25 b., 28 b., 32 (Bulloz), 33 b., 37 h., 39 b., 43 b., 46 b. (Christie's/BAL), 61 h., 76 h., 77 h., 80 h ; (Giraudon/BAL) 5 h.g., 14 h., 24, 41 h., 51 h., 63, 65; (Photo: Nadar) 2; 11 h.d./b., 49 b., 51 b.m./b.g., 58 b., 67 h.d., 73, 79 b., 83 b., 90 h.; (Photos : Peter Willi) 18 h., 22, 51 b.d.; (Lauros Giraudon/ BAL) 5 b., 20 b., 64 b., 78, 88/89 b.

© Trustees of the British Museum, Londres : 29 b.

© 2005 The Cleveland Museum of Art, Cleveland : 57 b. (Don de Mrs. Henry White Cannon, 1947.196)

© Country Life Picture Library, Londres : 61 b.

© Documents Archives Durand-Ruel, Paris : 55 b., 62 b., 88 h.

© Glasgow Museums: Art Gallery & Museum, Kelvingrove : 53 h.

© Mary Evans Picture Library, Londres : 80 b.

© Musée municipal Eugène Boudin, Honfleur : 13 b., 14 b.

© The Museum of Fine Arts, Boston : 4 b.g. (Legs de Anna Perkins Rogers), 54 (Legs de Anna Perkins Rogers), 69 h. (Don de Mrs. Aimé and Rosamond Lamb en mémoire de Mr. and Mrs. Horatio A. Lamb), 72 h. (Juliana Cheney Edwards Collection, 39.655)

© The Metropolitan Museum of Art, New York : 23 h. (1993, don de Sam Salz et legs de Julia W. Emmons, en échange, 1964, 64.210), 31 (1989, H.O. Havemeyer Collection, legs de Mrs. H.O. Havemeyer, 1929, 29.100. 112)

© 2005 Board of Trustees, National Gallery of Art, Washington : 5 h.d. (Collection of Mr. and Mrs. Paul Mellon), 38 (Collection of Mr. and Mrs. Paul Mellon), 52 o. (Ailsa Mellon Bruce Collection), 53 B. (Chester Dale Collection), 91 b. (Gift of Gemini G.E.L.)

© National Gallery of Scotland, Édimbourg : 69 m.

© Nationalmuseum, Stockholm : 30 b.

© RMN, Paris : 4 h.d., 12, 19 h.

© Roger-Viollet, Paris : 9, 50 b., 56 b., 89 h.

© Photo Scala, Florence : 26 h., 28 h., 34 h./b., 35 h., 43 h., 49 h., 57 h., 60, 68 b., 75 h., 81 h., 82 b.

© Stiftung Sammlung E. G. Bührle, Zurich : 83 h.

© Topos Landschaftsarchitektur, Berlin : 81 b.

© Van Gogh Museum, Amsterdam : 62 b.

L'éditeur s'est efforcé d'obtenir les droits de reproduction pour toutes les œuvres figurant dans cet ouvrage, et de les rétribuer. Si toutefois certaines personnes avaient été omises, elles sont priées de s'adresser à la maison d'édition pour faire valoir leurs droits.

© VG Bild-Kunst, Bonn, 2005 : Wassily Kandinsky : p. 90
© Pollock-Krasner Foundation/VG Bild-Kunst, Bonn, 2005 : Jackson Pollock : p. 91
© VG Bild-Kunst, Bonn, 2005 : Roy Lichtenstein : p. 91

© 2005 Tandem Verlag GmbH
KÖNEMANN is a trademark and an imprint of Tandem Verlag GmbH

Edité par : Peter Delius
Conception de la série : Ludwig Könemann
Direction artistique : Peter Feierabend
Design de la couverture : Claudio Martinez
Lecture et maquette : Delius Producing, Berlin
Recherche iconographique : Jens Tewes, Florence Baret

Titre original : Claude Monet. Leben und Werk
ISBN 3-8331-1072-4 (de l'édition originale allemande)

© 2005 pour l'édition française : Tandem Verlag GmbH
KÖNEMANN is a trademark and an imprint of Tandem Verlag GmbH

Traduction de l'allemand : Virginie de Bermond-Gettle
Réalisation : Sarbacane, Marie-Hélène Albertini, Paris
Lecture : Charlie Lecach, Nice

Printed in Italy

ISBN 3-8332-1387-1 (de l'édition française)

10 9 8 7 6 5 4 3 2 1
X IX VIII VII VI V IV III II I